# 曾经的秘密
## 我和肯尼迪总统的婚外情

*Once Upon a Secret*

*My Affair with President John F. Kennedy*

*and Its Aftermath*

**Mimi Alford**

〔美〕米米·阿尔福德/著

周方舟/译

北京理工大学出版社
BEIJING INSTITUTE OF TECHNOLOGY PRESS

**图书在版编目（CIP）数据**

曾经的秘密：我和肯尼迪总统的婚外情 ／（美）阿尔福德著；
周方舟译．—北京：北京理工大学出版社，2013.1
ISBN 978-7-5640-7004-5

Ⅰ．①曾… Ⅱ．①阿… ②周… Ⅲ．①阿尔福德－回忆录
Ⅳ．① K837.128.5

中国版本图书馆 CIP 数据核字（2012）第 264339 号

北京市版权局著作权合同登记号　图字 01-2012-4460 号
Copyright © 2012 by Mimi Alford
This edition arranged with
The Reiter Agency, Ltd. and McCormick & Williams
through Andrew Nurnberg Associates International Limited

本书经由安伯文化事业有限公司代理授权

出版发行 / 北京理工大学出版社
社　　址 / 北京市海淀区中关村南大街 5 号
邮　　编 / 100081
电　　话 / (010) 68914775（办公室） 68944990（批销中心） 68911084（读者服务部）
网　　址 / http://www.bitpress.com.cn
经　　销 / 全国各地新华书店
印　　刷 / 北京泽宇印刷有限公司
开　　本 / 787 毫米 ×1092 毫米　　1/16
印　　张 / 12.75
版　　次 / 2013 年 1 月第 1 版　2013 年 1 月第 1 次印刷　　　　责任编辑 / 刘　娟
字　　数 / 140 千字　　　　　　　　　　　　　　　　　　　　　责任校对 / 周瑞红
定　　价 / 36.00 元　　　　　　　　　　　　　　　　　　　　　责任印制 / 边心超

# 目　录

# 第一章

人人都有秘密，这是我的秘密。

1962年夏天，我十九岁，在白宫<sup>①</sup>新闻办公室的实习生。那个夏天与接下来的一年半，我与约翰·F·肯尼迪总统保持着亲密长久的关系，直到1963年11月他悲剧性地遇刺身亡。

四十多年来，我以近似宗教般的戒律对这一秘密守口如瓶，只对包括第一任丈夫在内的极少数人透露过。我从未跟父母提过，也没对孩子说过。原以为是个能带进坟墓的秘密。

它却败露了。

2003年5月，历史学家罗伯特·达莱克出版传记《未竟人生：约翰·F·肯尼迪（1917—1963）》。书中第476页有一段节选自前白宫副手芭芭拉·贾玛勒凯恩1964年的口述。这份长达十八页的口述历史与波士顿的约翰·肯尼迪图书馆内长期封存的文件最近对外公开。达莱克攫住了其中的一道八卦珍馐：

　　肯尼迪的风流成性对他而言就是种消遣，如今还能让他从

---

　　① 白宫：The White House，直译是"白色的房子"，由于是美国总统的官邸、办公室，供第一家庭成员居住，所以中文译成"白宫"。位于美国华盛顿市区中心宾夕法尼亚大街1600号，北接拉斐特广场，南邻爱丽普斯公园，与高耸的华盛顿纪念碑相望，是一座白色的二层楼房。——译者按

1

前所未有的繁忙公务压力中得以解脱。他与数名女性沾上风流韵事，包括肯尼迪的新闻秘书帕梅拉·特纳、本·布拉德利的弟媳玛丽·平肖·梅耶、人们戏称为"闲聊"和"胡扯"的两名白宫秘书、因与萨姆·詹卡纳这样的黑帮老大有染而被联邦调查局监视的朱迪思·坎贝尔·埃克斯纳，等等。还有一名高挑漂亮的白宫大二实习生，两个夏天都在新闻办公室实习。（她"没什么能力，"一名新闻办工作人员回忆道，"打字都不会。"）

　　达莱克的书出版时我并没注意到。肯尼迪传记从来就是出版业界宠爱的题材，每年都有一两本新书面世，溅起浪花又继而消退。我尽力不去关注这些，也拒绝购买此类书。但我偶尔还是会逛逛曼哈顿家附近的书店，阅读与我在白宫的那些年有关的片段。一方面我因自己的亲身经历而着迷于这些书，重拾那段岁月是种乐趣；另一方面我又急于知道那个秘密还是否安全。

　　要不是媒体穷追不舍的话，也许我也不会注意到达莱克的书。莫妮卡·莱温斯基丑闻五年前差点让克林顿政府垮台，也煽起了公众关注国家领袖私生活丑闻的兴趣。达莱克笔下这个未点名道姓的"白宫实习生"顿时让《纽约每日新闻》①炸开了锅。这显然

---

　　① 《纽约每日新闻》：New York Daily News，美国著名的庸俗小报，原名《纽约插图每日新闻》，该报是一份只相当于普通报纸一半大小的小型报纸，是美国第一份以小报幅面印刷的日报，现为纽约市场上最大、读者最多的报纸，全国第五大报纸，曾是美国发行量最大的报纸。目前该报每日发行量超过 70 万份，在美国全国发行量排行第六，在纽约市的发行量则超过了著名的《纽约时报》而位居第一。《纽约每日新闻》曾 10 次获得普利策新闻奖。该报由出版《芝加哥论坛报》的帕特森家族成员在 1917 年创办，是美国首份图片报，其政治立场走中间路线。

是条大新闻。于是报社迅速成立了特别报道小组，要找出这名神秘女性。

5月12日的傍晚，我路过曼哈顿家旁边的报摊，注意到《每日新闻》的首页上刊登着肯尼迪总统的全幅照片。当时我要上瑜伽课，已经迟到了，所以没细看被一堆报纸挡住了一部分的新闻标题。也许我就是不想看。像《每日新闻》这样的小报只会关注肯尼迪的私人丑闻，我对这点十分清楚。这类报道让我觉得恶心。它们提醒我，讲到肯尼迪与他的女人，我其实没什么特别之处，肯尼迪的女人多了去了。于是我匆匆走过报摊，抹去脑中肯尼迪的形象。四十一年来的守口如瓶会迫使你否认曾有过的生活经历。它要求你对痛苦纠缠的真相心生戒心并由此远离事实。时移事去，我已学会该如何面对。

在我赶着去上瑜伽课的时候，我错过了照片下方的完整标题："肯尼迪有个莫妮卡——史学家称肯尼迪与十九岁的白宫实习生调情。"报道里有从达莱克书中摘选的内容，还有一篇对芭芭拉·贾玛勒凯恩的新访谈，她说道自己只能记住那个十九岁实习生姓名的第一个字了，但她拒绝透露这个字。芭芭拉的避而不谈当然只会让《每日新闻》的报道小组挖掘得更深。

第二天上午九点，我像往常一样来到第五大道长老会教堂。像往常一样挂起大衣。也像往常一样，小啜一口从 C'est Bon 买来的咖啡。然后我坐下检查邮件。有个朋友给我发了封邮件，里面有《每日新闻》报道的链接。不清楚状况的我打开链接，只见报道配上了标题——"与米米在白宫调情"。朋友说他发给我链接是鉴于名字上"有意思的巧合"。

有生之年第一次，我体会到人们所说的"喘不过气"为何物。

如坠冰窟。我立即关上门，把文章浏览了一遍。尽管报道并未提及我当时的姓氏——法恩斯托克，我却感到一阵异常的恐惧，担心一切即将变生不测。这是我对整个成年生涯感到畏惧的时刻。

我试图保持冷静。深呼一口气，在心里默数文章中未记述的部分。《每日新闻》还不知我的住处，尚未接触我的朋友们，也没联系上那个年代的白宫工作人员。他们没我的照片。倘若他们知道这些，铁定会在报道中提及。而且肯定会循迹追查到我的下落，继而询问我的想法。

然而这些都还未发生。

况且之前我也有过侥幸脱险的经历。一年前，传记作者萨莉·贝戴尔·史密斯给我家打过电话，说是正在撰写一本有关60年代的华盛顿如何对待女性的书籍。听上去并无冒犯之意，但却足以令我全线戒备，我猜疑她或许另有图谋。我还没做好让谜团拨云见日的准备，更不会向一个陌生女人坦白秘密。于是我说自己无法回答她的问题，并有礼貌地请她不要再给我打电话，萨莉尊重我的请求。我的秘密安全了。

但这次，《每日新闻》的报道却不一样。

翌日，我一到办公处就发现有个女人坐在办公室门口。自称莎莉丝特·卡茨，是《每日新闻》的记者，来此向我求证是否我就是前一天报道中的米米。

我无处可遁，也无从否认。

"对，我就是。"我应道。

"米米打破沉默。"第二天清晨的头条如是写道。

此时的我已至花甲之年，离婚后孑然一身地安静生活，住在距中央公园①几个街区之远的上东区公寓。90年代初期，在大学退学四十年之后，我返回校园，五十一岁时取得学士学位。我一生热衷运动，是名虔诚的马拉松赛跑者，经常在黎明破晓前绕着中央公园的水库②跑步，并且享受这种孤独。我与之暴风骤雨般地离婚的前夫，在1993年去世。两个女儿都已长大成家，各自有小孩。这是很多年来头一次，我感受到巨大的平静。

我接受了心理治疗才有这样的状态，才能有对自己的了解。之前的我几乎是个全职居家母亲，之后的我以教堂的工作为荣。当时我在教堂已工作了五年。先是担当音响部的协调员（录制我们资深的牧师——托马斯·K·特维尔牧师卓越出色的布道）。接着我成为了教堂网站的管理员，制作的录音带成为筹措教堂经费的重要来源——这些录音带不仅带来收入，还给予人们平静与慰藉。我并不是教徒，却信仰心灵的力量，我热爱教堂的这份工作。我也热爱隐私。

新闻报道一出后，在各地引起了轰动——不仅在纽约，还有整个美国与欧洲。可悲的是，这只是我十五分钟的名声。各种头条可谓是包罗万象，有的在预测，有的写得赤裸裸，还有的荒谬至极："从莫妮卡到米米""米米——只有上帝才知伊人心""肯尼迪与教堂女！"我还受到自己最钟爱的作家——娜拉·伊瑟芬

---

① 中央公园：英文为 Central Park，是全世界大都市中最美的城市公园，有湖、树、花、鸟，还有很多艺术家在那里摆摊儿画素描挣钱。位于第五大道和中央公园西道，从59街到110街区，名副其实地坐落在纽约曼哈顿岛的中央。340公顷的宏大面积使它与自由女神、帝国大厦等同为纽约乃至美国的象征。——译者按

② 指中央公园的杰奎琳·肯尼迪·奥纳西斯水库。——译者按

在《纽约时报》社论版对页①上的嘲弄。访问请求接踵而至，电话信箱里全是凯蒂·库里克、拉里·金、黛安·索耶的留言。当然，还有《国家询问者》，他们往我公寓的门下塞了一个装有二十美元的信封(被我转赠给教堂)。周刊杂志的信件也是铺天盖地。"亲爱的法恩斯托克女士，"都是相同的起头，"冒昧打扰，我深感抱歉。我了解这对您而言实属不易，然而……"随后转入正题。有个好莱坞制片人在写信询问能否把我的故事拍成电影之前送来鲜花；与我见面前还在信里提到支付一百万美元买下影视版权。文稿代理商也屈膝了，想要代我出书。爱德华·克莱因，这名写过两本有关肯尼迪的庸俗读物的作者，打来电话说要是允许他代笔出书，我就能发财，还能"过上安宁的日子"。朋友、支持者、名人骚扰狂，还有批评家们的邮件纷至沓来。有位校友给予我些许安慰："请记住，这些新闻只会持续一礼拜，"她写道，"一切会烟消云散的，人们惦记着肯尼迪就像对待猫王一样。以为了解他，于是总想听到更多。"

我谢绝了所有媒体请求；感谢支持者的善意；无视评论家们，断定无法与那些认为有意践踏肯尼迪往事或者认定我凭空捏造的人们理论。我提醒自己，曝光非我本意，我是被逼的。

我花了四十年的时间担惊受怕，怕自己会被搜查、被找到，继而被拎出示众。如今这个时刻已然来临，却意外地让人如释重负。此刻，媒体风暴全力出击，平静的心绪却突然造访。我意识到我能够面对，因为我不以为耻。我已厌倦了躲躲藏藏。蜂拥而来的记者在公寓楼前安营扎寨，我向他们分发简短的声明："1962

①《纽约时报》上开辟的与社论版意见相对的栏目，一般由专栏作家撰写。——译者按

6

年6月至1963年11月间，我与肯尼迪总统保持着性关系。过去的四十一年，我从未提及这点。考虑到最近的媒体报道，我已向孩子们和家人详述这一段关系，他们对我表示支持。"

我就此打住声明。

我的全名叫玛丽昂·比尔兹利·法恩斯托克·阿尔福德。这三个姓氏能告诉你我的来历。在我生命的前二十年里——这包括我与肯尼迪的交往时期——我是比尔兹利小姐。1964年1月，在肯尼迪遇刺两个月后，我嫁给一个叫法恩斯托克的男人，于是在接下来的四十年中，我是法恩斯托克夫人。法恩斯托克这个姓氏占据了我大部分的人生，它也是我两个女儿的姓氏。现在我成了阿尔福德夫人，因为2005年我与迪克·阿尔福德结婚。讽刺的是，如果不是2003年那个秘密的败露，我不会遇到阿尔福德这个我一生的挚爱。这是我如今唯一使用的姓氏，也是这本书的护封上唯一印上的姓氏。

这么做自有其原因。我不再是当年那个依赖他人的十九岁女生米米·比尔兹利了，那个与当时世界上最有影响力的男人进行交往的女生。我也不再是那个担惊受怕的米米·法恩斯托克了，那个花了大半辈子时间消化、克服感情的后遗症的女人。

我是米米·阿尔福德，我不后悔自己的所作所为。当年我很年轻，只能顺势而为，这是无法改变的事实。秘密曝光于世已有十载，期间我回顾审视这个柔情片段，思考着该怎样表达我的所思所想，或者说我还犹豫着是否该说出我的想法。但如今，我已没有任何顾虑。在五月的那天之前，我的内心有处空洞而不知该如何填满。但那之后，身为米米·阿尔福德而拥有的幸福与满足使我得到了解脱——也教会了我如何把握自己的过去。

起初，我给大外孙女写了从未寄出的信件，想澄清事实："亲爱的艾玛，我想跟你说个故事。等你长大后的某天，你会在某本讲述一位美国总统的书中看到我的名字。所以我想告诉你一些事实……"

然而真实的故事又何止像澄清事实那般简单。遮遮掩掩已让我接近崩溃，我意识到写信只是寻求理解的初步试探，要想完全把握事实则需要深度地自我回顾过去，而且不仅仅是那段白宫岁月。

本书讲述的虽是个人的故事，却受到公众的关注。我不希望因受关注继而受到审判——说我受人惦记只是因为曾是总统的玩物。

或许人们很难接受一个十几岁的处女在进白宫后第四天就与总统发生了关系。故事也绝非如此简单。

故事要追溯到前往华盛顿特区的那列火车上。

# 第二章

1962 年 6 月，新泽西州①特伦顿，那是一个闷热的周日。我登上了超载又没有空调的列车车厢，我最喜欢的马德拉斯布裙立马就被挤皱了。空气厚重凝滞，一如既往地烟雾缭绕，但我丝毫未受影响。我还没上大二，还未满二十岁，正在前往华盛顿的途中，即将展开最体面的夏季工作——在白宫实习。第二天早上，我将步行通过西门，然后开始在肯尼迪政府新闻办公室的工作。

当然，这到底意味着什么，当时我知之甚少。我仅知道一些基本的东西：我将住哪儿、我的室友是谁、实习第一天我具体该去哪儿、我该咨询谁。我还知道我会穿上我最喜欢的马德拉斯布裙——如果它能在这次火车旅途后幸存的话，或者如果我有时间熨烫的话。除此之外，我不知道工作的具体内容，也不知道将与谁共事。我甚至都不怎么清楚，这个实习职位到底是怎样光顾我的。

不久我了解到，大多数与我处于相同级别的人们都会靠拉拢人心或攀亲道故以获取职位，哪怕只是最低薪的实习而已。一些实习生的亲戚甚至父母就是政党的捐款大户。我可不是这样。此外，还有人对政治充满巨大的热情，拼了命地努力才获得这份工作。这也不是我的情况。我甚至没有申请这份实习。我对政府的运作知之甚少，

---

① 新泽西州是美国第四小以及人口密度最高的州。其州昵称为"花园州"。美东华人亦称之为新州。——译者按

仅限于大一政治学课上所学的知识。非得跟政治扯上关系的话，也许得算上我那支持共和党温和派的双亲，他们爱戴艾森豪威尔，在20世纪60年代的选举中支持理查德·尼克松而非约翰·F·肯尼迪。

然而，像20世纪60年代初的年轻人一样，对明星般的光环与革新的责任感我毫无抵抗力，而那位来自马萨诸塞州充满干劲的总统拥有的正是这些品质。他比我父亲年轻十二岁。他诙谐、迷人、非常上镜。有个年轻漂亮的妻子，两人十分般配，走在一起时可谓是相映互衬熠熠生辉。正是她——杰奎琳·布维尔·肯尼迪——以一种间接迂回的方式，帮我弄到这份工作。下面我来解释。

这不是我首次来到白宫。此前一年，我在波特高中——康涅狄格州佛明顿的一所女子寄宿学校——读高三，担任校报《凉菜拼盘》（Salmagundy[①]）的编辑。而1947届的杰奎琳·肯尼迪也曾就读于波特高中，与我一样，她也曾担任过《蝾螈》的编辑。我一心有志于成为记者，在1960年的竞选中，我的目光追随着肯尼迪夫人。她已是我们学校最知名的毕业生（我们也称之为"旗手"），如果她当上第一夫人，能采访到她绝对是项成就了。我打算给她写信，并提出正式申请。如果她回绝了我这名后辈"旗手"，该怎么办？

肯尼迪就职后一个月，学校校长霍利斯·弗伦奇帮我起草了一封信，以《凉菜拼盘》报的名义正式请求记者采访。我用学校的打字机打出这封信，寄出后开始等待，那几天就像度日如年一般，我不停地检查邮箱，第一夫人没有回复，我很是失望。终于，3月10日，一个带有深蓝色"白宫"字样的奶油色信封落在我的邮箱里。虽然我很想当场就拆封信件，但还是冲到弗伦奇先生的

---

① Salmagundy，意为意式凉菜拼盘，作者原先所在学校校刊名。——译者按

书房，这样我们能一起阅读回信。里面是一封打字机打出来的信，落款是莱蒂希亚·波多里奇，她是第一夫人的社交秘书和幕僚长，她本人也是波特夫人的学生，信件里她婉拒了我的请求。字里行间很有风度也很温和，她说第一夫人行程很忙，"有超过100名记者或是通讯员在排队等着亲自采访她呢"。

这就是坏消息，而好消息是她信中问及我是否有兴趣去趟白宫，向她采访关于肯尼迪夫人的事情。她甚至还说她会帮我找些录像片段配上我的文章。这可不是标准打发人的腔调。我受邀白宫，就算不是去采访肯尼迪夫人，也会有机会采访一位资深职员，她一直在电视里出现，在权力核心上也有一席之地。这也算是退而求其次了吧。我把访问安排到1961年3月最后一周，那时候我正好放春假。

我提早一天从拉瓜迪亚机场①搭乘东部快线出发，当晚和我父母的老友一起在马里兰州切维蔡斯市过夜。他们为了庆祝我得偿所愿进入新闻"大人物"圈子，还带我去国家记者俱乐部②吃晚饭。吃饭间隙，他们还不断向我指出周围也坐着用餐的那些新

---

① 拉瓜迪亚机场是美国纽约市的三大机场之一，位于皇后区，面向法拉盛湾。此机场是以前纽约市长菲奥雷洛·H·拉瓜迪亚(Fiorello La Guardia) 命名。目前，机场是由纽约与新泽西港口管理局负责管理及营运，此管理局同时也管理营运纽约市的肯尼迪国际机场和纽瓦克自由国际机场。——译者按

② 美国国家记者俱乐部，由32名新闻记者于1908年在华盛顿创立，已经有100多年的历史。其宗旨是："致力于维护记者权益，促进信息共享，解决记者采访时的障碍，形成行业的道德标准。"自从总统西奥多·罗斯福之后，几乎每一位美国总统都曾踏入俱乐部的大门，在这里发表演讲。俱乐部的会员包括自沃伦·哈丁之后的所有美国总统。俱乐部也接待各国的国家元首、总理、参议员、国会议员、大使、专家学者、商业精英、运动员、娱乐明星等。——译者按

闻界家喻户晓的名字。第二天早上，我预约的是 11 点，不过我稍早一些就从白宫东翼大门走了进去。

波多里奇女士在办公室里招待了我。她办公室里没有别的家具，只有一张很不起眼的政府制式办公桌，周围堆着敞口箱子（肯尼迪家族七周前刚刚搬进来）。尽管装饰很平淡无趣，我还是有种觐见皇族的感觉。波多里奇女士坚持要我叫她蒂施，但我总觉得这么叫有点不自在。她穿着一套暗色羊毛套装，丝质套裙，看上去就像是礼貌与好客女神的化身一样。她从白宫退休之后成了一名畅销书作家，专门写礼仪与社交仪态方面的书。可能她只不过因为我也是波特女士的学生而显得很和蔼，但显然她对我的访问很上心。她为我准备了许多资料，带着我彻底了解了总统夫人，还甚至安排我面见总统。那天他要与一群残疾儿童一起在玫瑰花园里度过一些时间，而我会加入其中。

那天带着我的人是普里西拉（菲德）·威尔，她也曾是波特夫人的学生，但早在 1958 年就毕业了。那时候我还没入学呢。就因为她在白宫工作，菲德（这是孩童时代的昵称，因为她不会发"普里西拉"这个音）在学校里几乎是个传奇，但我之前从没见过她。我知道的就是她和她室友吉尔·考恩，都从戈切尔学院<sup>①</sup>退学为肯尼迪工作，当时他还是参议员，她们俩都参与了他的总统竞选，现在也都在白宫里任职。菲德和吉尔好得像是一个人似的，吉尔（据说她有个昵称叫珐德）在新闻办公室上班，菲

---

① 戈切尔学院是一所私立文理学院。1885 年建校伊始是一所女子学校，1987 年开始实行男女同校制。校园占地 287 英亩（1.16平方千米），坐落在巴尔的摩市中心以北 8 英里（12.87 千米）的陶森市。——译者按

德则是总统私人秘书伊芙琳·林肯的助手。

菲德带着我从东翼办公室走出来，我一下子就被她那种自信和职业素养震撼了（说实话，还有点吓到了），她走过大厅的步伐那么自信，就好像每一寸土地都对她俯首称臣一样。边走着，她对我说，因为春假的缘故，白宫到处都是旅游团，还有各种亲友团，还有亲友团的亲友团，等等。这样一来，从东翼穿到西翼就显得很困难了。所以她带我走的是舞台通道，经过了一连串地下隧道、隐蔽楼梯。好几次我们都走岔了路，闯进了厨房或是洗衣房什么的，最后我们终于从西翼冒了出来，正好在内阁会议室门外。

会议室此时并没有会议，菲德见此，打开大门并示意我跟着她，我小心翼翼迈出了步子，眼前摆着的是硕大的木头桌子，我一路上触摸着每只椅子的后背，想象着人们在这里唇枪舌剑，作出的都是重大决定，这让我觉得一切都是那么不可思议。

我突然想到佛明顿学校里那位很受尊重的现代欧洲史教授。学着她那种老奶奶的声音，还有幅度很大的动作，我对菲德说："斯梅德利夫人会不会也觉得很震撼呢？"我开始想象要是这位夫人在这里她会说什么："这里，这里啊就是罗斯福讨论孤、孤、孤立主义的好处，衡量对纳粹德国开战的好处的地方。"菲德大笑，也开始学斯梅德利夫人说话，一下子就好像我们又回到了那个在学校里无忧无虑的年纪，我们就在内阁会议室里上演了我们自娱自乐的脱口秀。

穿过会议室，我们又回到了走廊上，这时候有位女士超过了我们，匆匆忙忙向着椭圆形办公室跑过去。"那是珍内特·特拉维尔，总统的医生。"菲德小声对我说。

我在菲德办公桌附近等了一会儿，这里离椭圆形办公室只有一步之遥，她则继续在打字机上忙活。透过窗户我看到波多里奇女士把一群孩子带进了玫瑰花园，我猜我差不多该出去和他们一起了。果然菲德放下打字机，把我带了出去交给了波多里奇女士。蒂施让我和孩子们站在一起，让我站在她边上，然后我们就一起恭候总统驾临。过了一会儿，椭圆形办公室的门慢慢打开，美利坚合众国总统走进了玫瑰花园。

我当然很紧张，而且觉得很梦幻，任何一个高中生在那种场合下都会这样的。但同时我也很好奇，想看看真人和我之前读到的，或者是我想象中的总统有什么区别。肯尼迪总统比他在照片上看起来要更高些、更瘦一些，也要更帅气。他看起来很有耐心，依次弯腰同孩子们握手交谈，孩子们看上去也很喜欢他。但无论如何他是位政客，而且还是这个国家里最具天赋、最成功的一位。这可能仅仅是他每天要经历的各种会议、仪式中再平淡无奇的一场，每天他的日程表中都塞满了这些活动。毫无疑问，很快他就会按照日程表执行下一项职责，而很快他也会忘记这一幕，但对这些孩子来说，和他在一起的这一幕会让他们铭记终生。我觉得总统当然也非常明白这一点。

轮到我和总统握手的时候，波多里奇女士向前迈了一步，她向总统介绍了我的名字，还说我是一名学生记者。"你在哪儿上学？"他握住我的手，问道。

"波特夫人的学校，先生。"真太不可思议了，我好不容易才做出了回答。

他向我微笑，表示他听到了答案。"你怎么会在这里？"他接着问。

"我在为学校报纸《凉菜拼盘》写一篇关于第一夫人的报道。""你是毕业生么？""是的，先生。""明年你打算去哪里上大学?""惠顿学院或者霍林斯学院。""哦,不错,很高兴见到你,祝你好运。""谢谢你,总统先生。"然后他就走到下一位面前去了。

我回去之后把这次经历写成报道,题目叫《在白宫遇见名人》,几乎占满了所有版面,在校园里取得了巨大成功。发行的那天,到处我都能看到同学们在读校刊。我感到很骄傲,后来在接到波多里奇女士回信之后我更加欢欣鼓舞,我把这篇稿子寄给了她,她写道:"引人入胜的报道,融合了许多名嘴的风格。"她在这方面简直是一流专家,能很轻易就让一个年轻女孩觉得自己很成功,她了解怎么让人自我感觉良好。我把她的来信夹到了我父亲送给我的一本相册里。

所以一年之后白宫打来电话的时候,我至少还是有那么点小期待的。毕竟我写的文章就是关于波特夫人的学校和白宫之间的联系。蒂施肯定会记住我,还有我对新闻领域的兴趣,然后我又是佛明顿学校的一员,这又给我加了点分。所以这次有了空缺她就推荐了我。现在写下的这些文字不过是我的推断,因为从没有人告诉过我到底为什么我能得到这个空缺,我自己也没有问过。我只知道我不可能拒绝。

这对我是件大好事,但对我父亲就不同了。这意味着他要打电话推掉之前给我定下的暑期工作。他之前托关系在纽约一家律师事务所给我找了份前台训练生的工作。我觉得很过意不去,但我父亲却二话没说,说这没什么。"一边是到白宫去实习,一边是给一家律师事务所做前台,这还用得着选吗?"他是这么跟我说的。

就这样,我要去华盛顿了。

我是在新泽西东部长大的,我家是一片殖民时代建立的农场,是整个米德县城里年代最久远的。主屋是 1781 年造的,后来 1800

年到 1850 年又造了两幢附属的房子。一共有 14 间房子,有 7 处壁炉,还有 1 处图书馆,里面都是松木做墙板,天花板也是纯手工的。房子里还有一处宴会厅,时刻提醒着我们过去的辉煌,但现在我们很少在里面开宴会了,除非正好是谁生日或者过圣诞节。我母亲给农场起名叫"寂静池塘农场",她说"这里已经不再有什么变化了"。

要是那年夏天我没有去华盛顿,那么我就会每天搭一个小时的火车去曼哈顿城区上班,周末则和家人朋友一起在沙滩俱乐部游泳嬉戏。俱乐部离我家只有半小时的路程。我还会和我母亲一起在花园里劳作,帮着一起照料农场。我父亲当时在纽瓦克市忠实联盟信托公司上班,当一名信托官,周末则会放下工作,摇身一变成为快乐的农夫,开着拖拉机在我们家六十英亩①的农场果园里劳作。现在一想到他,我脑海里浮现的就是他在夕阳下拖拉机上的身影,他那会儿只有到了晚饭时间才会从拖拉机上下来。

从外表来看,这的确是平静的乡村生活。我有个姐姐,比我大四岁,小名叫布菲,还有个哥哥,比我大两岁,当时是普林斯顿学院的大三学生,这也算是继承父业,他们父子俩都是从新罕布什尔州圣保罗学校毕业之后进入普林斯顿的。另外,我还有个弟弟,比我小四岁,马上要去罗得岛州读预科学校,然后进入普林斯顿。另外一个妹妹黛比比我小六岁,过些年也会去上波特夫人的学校。最后,你没猜错,我们家很喜欢穿苏格兰花格子布。

没错,我们家都是所谓"白种盎格鲁撒克逊基督教新教徒",所谓典型美国人,但成长的过程中我没觉得我们家多么铺张或多么富有,这很大程度上要归功于我母亲。她节俭的程度就像史诗

---

① 1 英亩≈4 046.86 平方米。

中的英雄，令人不可思议。如果她能自己搞定的话，她决不会考虑雇用别人来完成某件事务的，不管是做木工、画壁画，还是其他的手工艺或者小修小补什么的。记得我八岁那年，我们全家从纽约城搬回新泽西农场，那时候我就充分领教了我母亲"我会搞定一切"的人生哲学。当时她一个人就搞定了所有沙发套和抱枕，自己去买了布料，自己缝补。她自己制作了书架，还自己重新修补了老旧家具。她还修好了所有木头百叶窗，为我和姐妹们缝制了圆领衬衣，上面还有皮毛和常青藤图案。她无数次开车送我们上下学，参与我们的学校活动，做家务，做午餐，还要在农场上照顾鸡群和羊群，这些不是宠物，而是我们衣食之源（虽然我和兄弟姐妹们都很难接受在农场活蹦乱跳的小羊变成"盘中餐"这一残酷的事实）。她简直就有用不完的精力，自给自足，而且家务技能甚至能让玛莎·史都华①自惭形秽。

她真是生来就是这样的。她一辈子的理想就是结婚，然后培养一群行为良好的后代，让她的丈夫能无忧无虑追求事业，不用担心任何家务事。保持家庭气氛愉快舒适，操持财政不至于入不敷出，这就是她的追求。她其实和那个年代全美国的其他母亲没什么两样，不过我总觉得她是这类生物中的极端个体。

我母亲很有魅力，身高适中，大概5英尺②7英寸③高，面部轮廓很精致，身材很苗条，身段很完美，留着一头棕色大波浪。

---

① 玛莎·史都华（全名玛莎·海伦·史都华，1941 年 8 月 3 日—），美国富商与著名专栏作家。主持电视节目《玛莎生活》，以及同名杂志的出版工作。《玛莎生活》为美国著名家庭节目。——译者按

② 1 英尺 =0.304 8 米。

③ 1 英寸 =2.54 厘米。

大家都叫她"丽迪"，这名字听上去就很开心，对她来说也挺合适。她待人很友善，性格外向，必要时候也能表现出家庭主妇的热情，但更多时候她表现得有点严肃，好像扛着天大的责任一样。

她很少做傻事，但我也记得她有时候会做些无用功——节食，比如说一周除了香蕉什么也不吃。她根本没有必要节食，她根本就坐不住，这就确保了她永远也不会超重。甚至有一次，她父亲——我们的外公（他在附近有一座农场）——出于担心她会把自己累坏，给我们派了一位厨子。但厨子还没待满一个月就走人了，因为我们发现厨师喝光了父亲的杜松子酒，还往瓶子里灌水掩饰。这样一来——其实我们早就期望如此了——母亲就又继续给我们煮饭了。

我父亲兰迪则是个大个子，很快活的人。他哪儿都大——大耳朵，大鼻子，笑得也很"大"，而且老是在笑，我手头每张照片上只要有他，他都是在微笑、大笑或者显得很愉快。但这背后也潜藏着危险，直到六十年代他才被诊断出有躁郁症①。我们这些孩子都没有发现他还会有绝望悲伤的时候，很大程度因为只要他露出这些症状，母亲就会替他掩饰起来。那些年她过得很艰难，但我绝不认为在她生命中任何一刻她曾后悔选择这个男人共度一生。

1973 年我父亲因心脏病突然猝死，到那时他们结婚已经 36 年了。他终年 68 岁。一直以来他就很喜欢帽子，去世之后我们

---

① 异乎寻常地心情高兴，轻松愉快，无忧无虑，笑容满面，兴高采烈，没有难事（情感高涨），有人表现为一点小事或稍不遂意就大发脾气（易激惹），在严重的易激惹情况下可能出现冲动行为。思维联想加快，言语增多，一句接一句，出口成章，滔滔不绝，内容丰富，诙谐幽默（思维奔逸），患者自身感到脑子变得非常灵敏、聪明、反应迅速。自我感觉良好，夸大自己的能力、财力、地位，认为自己有本事，可以做大事、挣大钱（夸大妄想）。——译者按

几个孩子都从母亲手里分到了一些，还有他最喜欢的照片。我现在还把他的照片挂在墙上。

我在这儿把新泽西州 50 年代、60 年代初的生活描述成一幅田园牧歌的惬意场景，当时我确实是这样觉得的。我觉得很幸福，也学会了热爱独自一人相处。现在想来可能是在模仿我母亲的家务活动和那种活力，当时青少年时代的我花了很多时间玩"过家家"。那是个巨大的维多利亚风格模型，放在我卧室的桌子上。我给它通电，给里面的房子上色，挂壁纸，然后从商店里买家具模型放进去。点点滴滴我都很关注，也很投入。在我想象中，这里面住着一家法国人，玛丽和保尔·珀罗，还有三个孩子，我还为他们编织了人生际遇和各种灾难。我会把"他们"从楼上叫到楼下，从一个房间移到另一个房间，为他们"创造"对话和各种情景。在空余时间玩这个游戏让我觉得很轻松自在，这给我一种控制感。这家人不得不"顺从"我的意志。

如果说这是我情绪释放的"叛逆"方式，那也是很隐私的。这和我性格很像，我甚至有时候觉得自己身体里住着一位"情绪总督"，他掌管着我的情绪，永远只允许我在"还好"和"低落"之间徘徊。我不会质问父母亲，也很少回嘴。我也很少和兄弟姐妹吵架或是打架。我觉得我有点畏惧冲突，同时也害怕冲突的后果。

我们的生活自我节制，几乎每一步都已经为我们规划好了，我们所处的所谓"阶级"的期望决定了我们不可能太出格。我的姐妹们，当然还有我，有客人来的时候会站起来行屈膝礼。打小大人就告诉我们，别人对你友善，你也要回以友善。每次家庭聚餐我们都会互相道贺，然后握手沿着桌子"传递爱意"。我们一直小心谨守戒律，不会在公开场合讨论政治和宗教，生怕让别人感到不快。谈钱也是不合适的，你不应该提起谁谁谁赚了多少，或者在什么东西上花了多少，财富绝不是用来夸耀的。我们潜意识里就觉得，我们认识的每一个人都是共和党人，也拥有一样的新教信仰。

一直会有人提醒我们自力更生是最高美德。除了整理自己的床和清理房间之外，我们每个人在农场上都会有自己的职责。我的任务就是要负责给花园除草，确保边界整齐。要是有什么大灾害，比如说有某片庄稼被洪水冲毁了，孩子们都会拿起铲子和水桶，帮爸妈重整田地。

对我们家来说，孩子去哪里上学是最重要的。一般都认为应该去我们父辈上过的那些最知名的寄宿学校之一：波特夫人的学校、圣保罗学校或者圣乔治学校。教育是一种美德，但不仅仅是美德那么简单，在简历上出现这些学校之一，那就意味着你拥有这些名字背后附带的地位与意义。

《社会名人录》每年都会刊登纽约著名家庭的名字。我母亲桌子上永远会摆着这本书。不过我不记得我父母会很认真地翻查这本书，不像简·奥斯汀①小说《劝导》②里沃尔特·艾略特爵士那么虚荣，"除了《伯爵名录》之外一本书都不看"。但我现在想想，尽管很讶异，我还是要承认这本书的确严重影响了我父母的社交圈。

在我们青年时期，最重要的事情就是"进入社会"仪式了。

---

① 简·奥斯汀（Jane Austen，1775 年 12 月 16 日—1817 年 7 月 18 日），英国小说家。她的作品主要关注乡绅家庭女性的婚姻和生活，以细致入微的观察和活泼风趣的文字著称。——译者按

② 《劝导》（Persuasion），是英国小说家简·奥斯汀的最后一部小说。奥斯汀在完成《爱玛》后很快就开始创作《劝导》，并于 1816 年完成。1817 年，41 岁的奥斯汀去世。次年，本书与《诺桑觉寺》一起以四卷本的形式出版。和《诺桑觉寺》一样，本书的很多场景也发生在著名的度假地巴斯。——译者按

因为我们在纽约市和新泽西都生活过，我母亲坚持我和我姐妹们必须在两地都办这种仪式。当然她初衷是好的，想为我们做到最好，但我最后在这场合还是紧张不已。我想的是会穿上长长的白色丝质裙子，同样白色服装的孩子挽着我的手肘。但其实这种为初次参与社交活动的少女特别设计的舞会，通称"家畜展销会"，需要有年轻男孩做我们的护卫。这也就意味着，我一定要邀请一到两名年轻男性友人，还要有男朋友。这就成了问题。当我 18 岁生日到来之际，我男人运不太好——或者说根本毫无运气。我鼓起勇气对其表露一些好感的人，都从我面前走过，走到那些——好吧，更有女人味的女生面前去了。如果要我给 18 岁的我下个定义的话，那就是运动员。我是当地曲棍球队队长，我跑得很快，在当地主日学校里，我带领男生队伍在校友开放日与父辈对阵，结果还赢了。但这在约会的时候显然不太会是加分项目。

在男人这面，我最大的成功，也是唯一的成功，就是八年级的时候，让一个叫路易·迪莫拉特的男孩对我产生了兴趣，他还亲了我一下，也就那么一下而已。这也是我整个高中唯一的吻。

所以，1961 年 9 月，在新泽西州斯布赖特·劳恩网球与板球俱乐部举办的罗森少女社交典礼上，我没有男朋友。我邀请了两名佛明顿同学的哥哥，感谢上帝，他们答应了当我的护卫。虽然他们抽空去邂逅其他女生了，但整个晚上他们都表现得很完美，我也没觉得他们这样做有什么问题。我也邀请了我哥哥普林斯顿的同学出席，但他们一开始就把我当成小妹妹，整个晚上都忽略了我。现在回想起这一切我没觉得有什么不舒服，反而带着一种愉快的心态，但当时心里还是酸溜溜的。那晚上很热、很傻、很不舒服，多年以后我记得我那晚唯一的感受，就是失望。

我在曼哈顿的亮相则是三个月之后在皇冠酒店的大宴会厅里。那次我的护卫是我的哥哥乔石。他一出场就"艳惊四座"，系着白领带，穿着白色燕尾服，好像昭告天下他要和在场的所有女孩跳舞一样——除了我之外。要知道上次乔石看在我是他妹妹的分儿上和我跳了一支舞，完全规规矩矩，规矩到搂着我背的手里挥舞着一张五美元钞票，想要勾引别的男孩来把我从他怀里抢走。这一次至少他没让我那么尴尬，我只能拿这个来安慰自己了。

很奇怪为什么我没有奋起反抗这些羞辱。往大里说，这也是反抗我母亲，毕竟是她把我扔进来的。但我根本没有提出问题，更别提抗议了。我是个乖女儿，会顺从家庭的安排，满足他们的期望，不管是不是很过分。

那段时间我没有男生缘有很多因素。其中之一就是因为，我有5英尺9英寸高，比很多男生都要高。我也很瘦，这对高个子女生来说简直是噩梦，尤其在发育之前。那段时候要么看起来很怪，要么就是很滑稽。15岁的时候我就是这副尊荣，甚至我还有个绰号叫"猴子"——他们觉得我只有长手长脚。

此外，我15岁的时候被送去读波特夫人的学校了。那是全女子学校，到那里去上学的结果之一肯定就是很难接触到男生。学校里有220名女生，就像是女子修道院一样，唯一的区别就是我们不用发誓愿。1958年到1961年我就读的时候，那简直就是"黑暗时代"，没有男孩可以接近学校——星期六下午除外——但就算如此，女生也必须在一周之前写申请证明他是她的"那个人"。所有一切必须通过信件安排，因此我们不许打电话也不许接电话。唯一例外就是和家人通话，但一周也只有一次。就算男孩愿意搞定这套繁文缛节，他们接下来也必须按照礼节行事，而这套礼仪的唯一目的好像就是要终结一切浪漫因素。男孩到了之后，门卫米勒会按名单检查他们的身份，然后男孩女孩只能沿着一英里[①]长的环路散步，还不能停下，免得出现什么牵手之类的，那简直是大逆不道。这一对的关系如何，能从他们走多远看出来，关系最好的会走上四到五圈。散步结束之后，女孩必须带着男孩去校长夫妇的办公室喝茶。结束之后男孩就必须离开，回他们自己学校去——哥顿、德尔斐尔德或者塔夫特。

整个过程烦琐复杂，想进来已经很不容易了，进来之后能做的接触也很有限，这样的情况下要是还有男生愿意大费周章来我们学校，那我倒要觉得奇怪了。他们来的时候我们也不会特别打扮，不会刻意把衣橱里最漂亮的衣服穿出来，就是胡乱套上一件羊毛套头衫（这已经是非正式校服了），里面打底的是男式衣领扣衬衫，下身穿的就是苏格兰方格裙子，还有过膝袜子。我们的鞋子必须是阿伯克龙比[②]式的，必须是牢固的、系带式的、鞋舌头上必须有流苏的棕黄色皮鞋。我们有一整套标准饰物：小发夹来固定头发(有标准位置)，金质圆形徽章，还有一串珍珠。我们对化妆也不感兴趣，甚至连唇膏都不用。每周日镇上的居民都能在教堂看到我们灰白的脸色，他们都以为我们是不是得了流感。

我没能立刻就习惯波特夫人学校里的生活。在那里的前六周我很想家，空闲时间我一直在盯着窗口发呆，盯着来来往往的车流，期盼着里面能有一辆是我父亲的，来接我回家。尽管我们还是住在房子里，而不是挤在寝室里，但这只能让我更加思念新泽

---

①　1 英里 =1.609 344 千米。

②　阿伯克龙比（1881—1938），英国诗人，批评家，剧作家，剧作家，擅写无韵诗。——译者按

西的生活，只能加剧乡愁。我很羡慕我的同学，尤其是那些来自纽约城的，她们看上去那么聪明，那么能言善语，那么成熟。她们从小就学得对每个人都很和蔼、尊重每个人，也包括新来的女生（比如说我）。其实这都是因为我觉得不安全。我以前在学校里是体育明星，但在这里我没有她们表现出的那种"乖巧精致"，那时候我也不像她们那样能预感到以后会变得更好。头六个月我只有这种感觉，我觉得很焦虑，很孤独，对未来很不确定。有生以来第一次，我找不到归属感。

我在波特夫人学校报到的时候错穿了运动用的马鞍鞋，这让我痛苦万分。我母亲观察力那么敏锐的人一定看出来了，所以她才在我大三那年圣诞的时候给了我一双阿伯克龙比式鞋子，终于，我青年的记忆里留下了与鞋子比较"愉快"的时刻。鞋子直到今天还是许多女性幸福的噩梦杀手之一，我也不能幸免。

当时我的自尊心正处于萌芽阶段，我应对的方式很独特，但很少见：我开始不吃饭了。不知道为什么，我被某个在新泽西认识的女生吓到了，她去寄宿学校待了三个月之后回来过圣诞节，结果整整胖了30磅①。我可不想这样。我越是紧张，这个女孩的样子在我眼前就越清晰。我花了很多时间照镜子，就怕自己发福了。当我没有无视食物或者把它们倒掉的时候，我只吃煮鸡蛋的蛋白，因为我听说所有的热量都储存在蛋黄里。这样一来，春假我回家的时候，比圣诞节假期整整轻了30磅。

我母亲震惊了，我一辈子都很瘦，但这次我简直就是皮包骨头，吓得她直接就开车带我去纽约看医生了。那位医生是我们家

---

① 1磅=0.453 6千克。

的老朋友，他和我说话的时候很有技巧，很能舒缓我的情绪，一点都没有贬低我的孤独感，也不觉得我没有密友、自我感觉很差是什么值得羞怯的事情。我甚至都不记得他是否提及了"厌食症"这个词。他说我并不是全然无能为力，我能搞定这些问题。就算我那时候情绪极度低落，这还是说到我心坎里去了。

等我回去继续这个学年的时候，我情绪上已经没问题了。我开始进食，也开始把同班同学看作朋友，而不是竞争对手，我开始觉得自己可以把握自己的方向。我能和别人一样，按规矩活得好好的。接下来的两年，我投入到学校中去，还在课外活动中挥斥方遒，例如"演员"戏剧社，"近视"阅读社，还有《凉菜拼盘》，我在报社里处理细节问题，还要负责报纸按时出版。当我1961年毕业的时候，同学们投票把我选为"第二学年以来变化最多的人"。但最令人惊喜的，还是和另外两名同学一起被选为"第一女总统"。

如果说在这第一流的教育中还有什么疏漏的话，那可能就是我们毕业的时候很少有人会严肃考虑职业的问题。恰恰相反，我们都很期待结婚，然后相夫教子。我并不怪学校，当时都这样。我后来在麻省诺顿市惠顿文理学院开始大学生活的时候，我没有觉得自己是在为将来会定期收到支票的生活做准备。我和朋友们一样，很期待嫁给一个合适的郎君，门当户对。没错，我的男人运确实不咋地，但我已经过了那个年纪了，现在我充满期待。

现在我翻出那时候的照片，看到的就是一个高挑、瘦削、像运动员一样的女孩，她终于找到了一点社交自信。我和男孩交往不会害羞了，我能和他们对话、打趣，甚至打发他们，觉得很轻松。我只要找到能懂我的人就好了。

1962年在去华盛顿特区的列车上坐着的那个女孩就是这样。

我受过良好教育，但也天真无知，没有性经验，和所有不太八婆的 19 岁女生一样，我很容易忽略不会直接影响到我的事情。火车继续穿过费城、巴尔的摩，我坐在闷热拥挤的车厢里，唯一担心的就是我已经把我最喜欢的马德拉斯衬衣式连衣裙汗湿了，我必须要为第一天上班另外找一件穿。我知道我母亲给我把另外两件速干珍妮·阿普尔西德牌连衣裙也放进了箱子里，想到这儿我就轻松了很多。在华盛顿那种像沼泽一样的夏天，这样的衣服上班穿再合适不过了。

换句话说，我唯一担心的就是穿什么。

火车抵达华盛顿火车站，我拎着箱子走到路边，叫了一辆出租车直奔我和世交好友温迪·格力莫尔一起租的房子，她在国务院工作。房子就是一般的平房，不过地段很好，在 O 街，就在乔治城中心地段。

温迪今年 24 岁，就像是对妹妹一样欢迎了我。抵达的第一晚，我们一起煮饭吃，然后在地图上一起寻找去白宫的最佳巴士路线。我努力不让她看出来我有多紧张。我想都没想在白宫工作会有多少光环，会多么高端，或者说这段实习经历会给我的简历增添多少光彩（如果我会有简历的话）。我只是在担心能不能准点到，能不能做好工作。我给父母打了电话，告诉他们我已经安全抵达了，然后很早就上床睡觉了。

第二天早上，我穿着刚烫好的马德拉斯连衣裙走下房子正门台阶，我突然想到要打车去白宫，这样我就能体验一下对司机说出"请到宾夕法尼亚大街 1600 号"这句话的那种战栗感觉。但这傻主意很快就烟消云散了，我把钱放回口袋里，走到街角搭上了去白宫的公交车。

# 第三章

"米米·比尔兹利"，我到了白宫西门，对门卫报出了名字。我努力让自己看上去很老练。

他核对了下名单，说："是不是玛丽昂·比尔兹利？"

"哦，对，是我。"

"行，你能进去了。"

一把他甩在后面，我就舒了一口气，如释重负。在来这儿的巴士上，我把自个儿搞得很紧张，确信这次实习是个错误或是个残忍的玩笑——我甚至想象自己会被拦在白宫门外。这就是青春女孩缺乏安全感的表现，有时候甚至会觉得自己像是个骗子，莽莽撞撞四处乱闯，毫无归属感。

可惜这口气舒了没多久就又遇到麻烦了，我要怎样才能找到新闻办公室，而不是在白宫走丢呢？我穿过走廊，从正门走了进去，然后穿过接待大厅，停了下来。记者常在大厅里游荡，看看能不能趁达官显贵从椭圆形办公室里出来的时候，抓住他们做个采访。下一步该往哪儿走我毫无想法，只能向保安求助。他微笑着为我指路，把我带到了往左走的一处门厅。

我暗自希望菲德已经在那儿对我打招呼了，但我根本没看到她。其实我遇上的头一个人是总统新闻秘书皮埃尔·萨林格，他冲我招手，毫不客气地把我叫进了办公室。虽然他那时只有 36 岁，他已经是首都要角之一，也是媒体宠儿。（后来 1964 年 10 月他竞选加利福尼亚参议员，时代杂志把他放上了封面）肯尼迪竞选总统的时候他就是新闻秘书，显然在白宫里也会接着干下去。他身材不高，略有将军肚，看上去蛮赶时髦，但最后效果总有些乱，而不是雅致，出现时总是一手拿着雪茄，一手抓着一沓纸。肯尼迪核心圈子一般都是出身常春藤①名校，门第高贵，但他都不是。尽管如此，他也受过良好教育，小时候在旧金山老家还有"钢琴神童"美名，一肚子街头小聪明。正是他，明白肯尼迪机敏的反应对媒体而言是何种诱惑，戳着肯尼迪在电视上现场直播总统新闻发布会，做了第一个吃螃蟹的人。这样一来他的工作，和现在的新闻秘书一样，就成了负责管理不安分的白宫记者群，后者想和总统接触，却永远也无法得到全盘满足，所以有时候他还得安抚他们。他的男中音听上去很舒服，也很洪亮，办公室的门和墙根本隔绝不了，我在他办公室里听到的正是这样的声音。他前后来回踱步，用手指戳着空气，对桌边站着的两个男人咆哮着发号施令。他们和他都一样穿着，灰西装笔挺，白衬衫利落，还有薄薄的领带。后来我弄清了，他们是马尔科姆·克里杜夫和安德鲁·海切尔，都是助理新闻秘书。萨林格跟他们介绍我，说我是新来的暑期实习生，然后就把他们赶了出去。

他转向我，开始描述我最近的职责。

---

① 常春藤：常春藤联盟（Ivy League）是指美国东北部八所院校组成的体育赛事联盟。这八所院校包括：布朗大学、哥伦比亚大学、康奈尔大学、达特茅斯学院、哈佛大学、宾夕法尼亚大学、普林斯顿大学及耶鲁大学。通常被认为是美国顶尖的八所院校。——译者按

"看到这些电报打字机了吗？"他边打开浴室门，指着里面对我说。我在这之前从没见过这种机器，浴室里共有四台，两台靠着墙，两台在浴缸里，我很迷惑为什么它们要这样摆着。他们在那儿发出咔嗒咔嗒的声音，从美联社①、合众社②、法新社③和路透社④传来的文件源源不断地从他们嘴里倾泻而出。

"是噪声。"他说。我突然明白这解答了我的疑惑：为什么它们会待在浴室里。

他又指向了墙上挂着的一套剪贴板开始解释。我的工作就是在电报纸泛滥到地板上之前，把他们切成一英尺长的一段一段，然后夹到墙上每个通讯社对应的板上去。

最后他告诉我可以叫他皮埃尔，然后就叫我出去了："外面的姑娘们会把剩下的告诉你的。"

"姑娘"说的是他办公室外面敞开式房间里的秘书，严肃而工作认真，大多三十来岁，对"姑娘"这一称呼一点也不反感。

---

① 美联社：美国联合通讯社（Associated Press），是美国最大的通讯社，国际性通讯社之一。简称美联社，英语直接称为"联合通讯社"。汉语为将其和其他国家的联合通讯社区分开来，加上其所属国家之名称，称为"美国联合通讯社"。英文简称 AP。

② 合众社：美国合众国际社（United Press International），美国第二大通讯社，国际性通讯社之一。外文简称 UPI。1958 年 5 月由合众社与国际新闻社合并而成。总社在华盛顿。

③ 法新社：法国新闻社 L'Agence France-Presse（AFP），成立于1835 年，是与路透社、美联社和合众社齐名的西方四大世界性通讯社之一。前身是由查尔斯·哈瓦斯于 1835 年创建的"哈瓦斯通讯社"。法新社是西方四大通讯社中资格最老的一个。

④ 路透社：路透社（Reuters），世界前三大的多媒体新闻通讯社，提供各类新闻和金融数据，在 128 个国家运行。它是最早的通讯社，也是目前英国最大的通讯社和西方四大通讯社之一。

老实说，我也不在乎被这么叫。当时我还不知道"女权主义"是怎么写的呢。这种安排对我来说简直是天经地义。男人主事，女人辅助。

克里斯蒂娜·坎普，皮埃尔的执行秘书，也是办公室女职员事实上的领导，带着我继续白宫启蒙之旅。为拿到我税前每周67美元的薪水，我紧接着花了半小时填入职表格。然后她带着我走到了新闻办公室入口处的一张灰色桌子后面，告诉我那就是我的桌子，还有边上笨重的雷明顿打字机。此外还有个电话机，标准黑色转盘机型，底座上还有六个闪闪发光的按钮，供我使用。对一个从未在办公室里工作的人来说——我此前只当过临时保姆和家政助手——这就好像是个全新的世界向我敞开了大门，充满了各种可能性。在白宫新闻办公室有张自己的桌子，有自己的打字机，一下子让我觉得似乎此生足矣。我竭尽全力让自己显得若无其事，但这一切都太是回事儿了，所有的一切都那么令人兴奋，那么不可思议。

我觉得好像不止我一个人这样想。似乎身边的每个人都精通某种小技巧，能同时看上去既好像多动症一样，又很放松；似乎每个人因为身为某种特殊物品的组成部分之一而欣喜得脸上发红，身体发热。这种感觉很快也席卷了我，可能有生以来头一次，我也觉得自己很特殊，我开始觉得生命有了方向。

克里斯蒂娜·坎普解释说接打给新闻办公室的电话也是我工作的一部分。她说得很清楚，对付这些电话是有艺术的。如果这不过是记者打来问个一般问题，例行公事，比如什么时候皮埃尔·萨林格会在办公室里开新闻简报会之类，那我自可以提供消息。但只要这电话涉及一点点实质性问题，比如要求对某项行政政策做出解释或仅仅要核对一句话，我就要立刻把电话转给更资深的人。我得学会应付这六个忽明忽灭的灯——是六条不同的电话线——一直在响铃，却不会相互切断，就像是玩杂耍一般。这虽不像火箭那么复杂，但头几晚我睡得不是很好，直到我完全搞懂了这个系统。

新闻办公室里一共有九个人，我们七个挤在这个小小的开放空间，而皮埃尔则一个人享受着宽敞的办公室。他办公室有两扇门，一扇通向我们这儿，另一扇打开后是一条过道，直通椭圆形办公室。（我后来读了皮埃尔的回忆录《和肯尼迪在一起》才知道，有时总统晚上会从椭圆形办公室到我们这小地方来探险，在我们桌子周围巡视。总统有借走书籍和文档的习惯，有时皮埃尔得从他床头柜上拿回来。）这里气氛相当开放自由，在那么狭小的空间里要完成所有工作。就算他工作性质很敏感，皮埃尔也很少关着门，我都能听到远处浴室里传来的电传铃声。像合众社这样的通讯社用铃声来突出重要的信息，比如铃响四声意味着紧急消息，而铃响十次的"快报"，则是为最重要的新闻预留的。一旦铃响，我就得跳起来，替皮埃尔收取新闻电传件。

看我们与皮埃尔办公室距离远近，就可以看出"姑娘"们的资历深浅。我最近才来，所以桌子最远，紧靠着门。吉尔·考恩，菲德的密友，桌子正对着我，她头衔是秘书，但从来也没搞清过她到底向谁直接汇报。海伦·盖纳丝，杜鲁门执政时期就在新闻办公室工作的"常务"人员，紧靠着皮埃尔办公室坐着。至于克里斯蒂娜·坎普，我的上司，几乎就坐在办公室里面了。沿墙挤着几个小小的文件柜和一个书橱，左手边就是门口，通向另一个房间，安德鲁·海切尔和马尔科姆·克里杜夫两人，还有他们的秘书芭芭拉·贾玛勒凯恩和苏·摩尔藤森·沃格尔辛格在那里。

皮埃尔每天在办公室开两次每日新闻发布会,记者会涌进来,用皮埃尔的话说就是"硬塞进来,像是高峰期塞满人的纽约地铁车厢"。那房间里充满活力,总是忙忙碌碌的,你能感觉到这种能量,那种当一打事儿同时发生还要保持主动的能量。每个人都齐心协力,就像个嗡嗡作响的蜂房。这地方挤满了聪明人,他们前途不可限量,在这里工作难以置信地鼓舞人心。

第二天我就被升职了。芭芭拉·贾玛勒凯恩让我负责新闻摄影文件。她的职责之一就是在签署法案时带领新闻摄影师进出椭圆形办公室,然后记住哪些国会议员、参议员还有其他特邀来宾出席了签字仪式,以便此后照片印刷出来之后能在下面加上说明文字。但她积压了很多,急需帮助。"我太忙了,根本没时间整理这些文件,它们乱成一团,"她说,"你能搞定吗?"

我想都没想就答应了。至少这事我知道该怎么做。我在校刊《凉菜拼盘》里对文件事务和对照索引做得得心应手。我意识到芭芭拉这么做,其实是对付所有夏季实习生、历久弥新的黄金法则:你笑得和蔼可亲,把所有你不想干的,令人厌烦、劳动密集的活儿一股脑儿都扔给实习生。但我并不在乎,我很享受这过程,我能从头到尾浏览所有的照片,逐一认出和总统一起拍照的人。我很惊讶他的日常工作竟有那么多机会拍照。

新闻办公室里气氛很轻松,所有男士都把夹克衫脱了,卷起袖子,人们都以名字互相称呼。事实上这种气氛似乎在白宫里无处不在,即使在正门也是一样。第一天吉尔·考恩带我去吃午饭,警卫做了记录,还记住了我喜欢被称呼为"米米"而不是"玛丽昂",虽然后者是我的正式名字。当时还没有现在封锁各入口的水泥路障，车辆可以直接开上宾夕法尼亚大街①。白宫和白宫里的每个人那时候都平易近人得多。第一天，吉尔和我坐在附近一家咖啡店角落里，百无聊赖地一小口一小口吃着蛋黄酱三明治，除了政治和政府，海阔天空无所不谈。我们就和那些漫步国会山②景致的游客没什么两样，而不像是在距椭圆形办公室一步之遥的地方上班的人。

虽然气氛很轻松自然，但我却没那么放松。我一直想要做好工作，总是担心会把一切搞成一团乱。那天吃饭的时候，我曾有过那么一瞬间脑后发紧，就怕萨林格浴室里的电报机不断炮制新闻洪流，以致电报纸从浴缸里满溢而出，席卷整间浴室——那我就要被炒鱿鱼了。我匆匆咽下最后一口三明治，说服吉尔我们得赶紧回去了。我还想明年收到回来继续工作的邀请函呢。

第一周忙碌得筋疲力尽，但还不错。那时总统正要去访问墨西哥总统阿道夫·洛佩兹·马提欧斯，新闻办公室所有人都在忙后勤的事，谁要编入先遣组、哪些新闻记者会随行、他们待哪儿、在哪儿设立临时新闻办公室，等等等等。记者一直进进出出，经过新人桌子的时候都会点头致意。吉尔把我介绍给向其中一些，比如合众社的梅里曼·史密斯（他后来因报道总统遇刺案得了普利策奖），还有修·赛迪，他为《时代》杂志报道白宫。我总能见到他们，他们总想着弄到点值得报道的趣闻，或设法约个采访

---

① 宾夕法尼亚大街：华盛顿哥伦比亚特区的一条街道，连接白宫和美国国会大厦，是所谓的"美国大街"（America's Main Street），在华盛顿市内长 10 千米。但是这条街从白宫到美国国会大厦的 2 千米长的路段被认为是最重要的——城市的心脏。

② 国会山（Capital Hill），国会山也就是通常说的国会大厦，指作为美国国会办公机构的国会建筑。建在一处高地上，故名国会山。

什么的。最受办公室欢迎的要数全国广播公司的桑德尔·瓦诺克，他魅力四射，一直会用盒装甜甜圈讨好我们。对一个曾是校报编辑的女孩来说，这些人就是她心目中的英雄。

白宫职员也常光顾新闻办公室。我还记得一位，韦恩·霍克斯，他负责为记者和职员们安排交通事宜，有次开完墨西哥之行相关会议之后在我桌子边停下了脚步。他知道我来自新泽西，就跟我说他第二次世界大战时曾在蒙茅斯要塞接受过军官训练，那里离我家农场很近，我们坐下来聊了会儿新泽西。后来我赫然发现《纽瓦克晚报》一个叫"华盛顿快递"的栏目里竟然提到了这事，我母亲把这段剪了下来，寄给了家里每个人。报道写道："史哈罗路上的米米·比尔兹利为白宫新闻秘书皮埃尔·萨林格办公室增色不少……"我只能猜测这也许是韦恩授意报社某人写的段子，也许是为了试着在中期选举①或是总统竞选连任时在蒙茅斯市拉点选票，预先打打伏笔。

我很讶异每个人——从前门警卫到旅行办公室的人——竟然都能叫出我的名字，但我们根本就没正式相互进行过自我介绍。就好像我根本什么都没做，却一下子赢得了某个精英俱乐部会员资格一样。虽然我只是个实习生，我也立刻被接纳，感觉成了团队一份子。现在回头看，这是头几天给我留下的最特别的感受：归属感。

---

① 根据美国宪法，美国总统选举每四年举行一次，国会选举每两年举行一次。其中一次国会选举与四年一度的总统选举同时举行，而另一次则在两届总统选举之间举行。在两次总统选举之间举行的国会选举，就是"中期选举"。——译者按

# 第四章

到了第四天，处理电报机那些事儿我已经做得得心应手多了，半夜也不会因为害怕错过一通响铃，或是走进浴室的时候看到满地板乱糟糟的纸而惊醒了。那天上午，已经快是午饭时间了，我正在裁开一捆剪报，电话突然响了，我赶忙冲向桌子接了起来。

"想游个泳吗？"电话那一头传来的声音问道。

"您是？"尽管这声音挺熟悉的，我还是反问了一句。

"戴夫·波瓦斯。"

戴夫·波瓦斯是总统最亲近的助手之一。我前天才见过他，那时吉尔看到他走过门厅就叫住了他，给我们做了介绍。他满面笑容，就好像对许久不见的老友一般招呼了我。就像旅行办公室的韦恩·霍克斯一样，他好像也觉得我从新泽西来这一点在地缘政治上万分重要，努力举例子想让我觉得他很了解我。他知道我有两名兄弟、两名姐妹，甚至还带点调侃地说，天主教家庭才生了五个[1]，比尔兹利家可不够格（他搞错了，事实上我家信奉美

---

[1]　罗马天主教 (Roman Catholic Church) 鼓励生育，因《圣经·创世纪》第一章第28节有云："要生养众多。"——译者按

国圣公会①）。他本人是个爱尔兰裔天主教徒，他也承认说他落得更远，只有三个孩子。这次对话不过是普普通通开个玩笑，但却足够让人留下印象了，毕竟想让人印象深刻，你能想到的所有要素这里面都齐全了——显然他在奉承我和我的家庭，对他自己没能哺育更多孩子略有自嘲，试着创造一种包容，甚至是亲密的感觉——这都让我在区区一次会面后记住了他的声音。

然而现在他却打来了电话，问我想不想在大中午，在白宫，游个泳。

游泳？

我当时第一反应本该是想想邀请合适与否，这实在是太诡异了！毕竟戴夫或许对我的生活了如指掌，但他却不了解我。游泳这事儿该是和朋友家人一起做的，你不会主动和陌生人一起跳进泳池，更别提在全新的工作场合了。

我本该仔细想想这一切的，但我没有，我当时很乱。我想我当时说的第一句话就是我完全不知所措的完美写照："在哪儿？"我压根儿不知道白宫还有个游泳池，但他让我放心，向我保证这地方真有，还离新闻办公室不超过 100 码②。

我第二句话更加暴露了我的慌乱："可我没穿的。"

"别担心，"戴夫说，"那里会有一些其他职员的，我们有很多泳衣，你总能找到一件合适的。我等会儿就转到新闻办公室这

---

① 美国圣公会（Episcopal Church in the United States of America）圣公会在美国及美洲部分其他国家的分支，保持了圣公会的神学认识和宗教传统，并且自称是"遵循天主教的新教派别"。圣公会最早起源于英国，是英国在宗教改革中建立的民族教会，也称英格兰圣公会或安立甘宗。——译者按

② 英美制长度单位，1 码≈0.91 米。——译者按

儿来，我们一块儿过去。"他就这么挂了电话，就像这事儿定了似的。

我盯着听筒，呆了几秒钟才把它放回座机上，这项邀请完全把我弄晕了。我看了看吉尔的桌子，希望能获得些指点。我想问问这正常吗？一直都有这种先例？但她根本不在。我想到了我的父母，我接下去可以看到一些令人大吃一惊的事物，我可以把它们记下，回头告诉他们。我想了想我得有多幸运，我在脑海里勾勒了一幅他们惊讶不已的图景，要是我晚上打电话告诉他们我在白宫游泳，他们肯定会这样的。

但我从没打出这个电话。

几分钟后，戴夫·波瓦斯就到了新闻办公室来接我。他心情不错，亲切地跟我打了招呼，带着我穿过靠着玫瑰花园的室内柱廊①，一路走向室内游泳池，路上一直在不停说话。他再次跟我重申我不会一个人的，似乎这场景——大中午私下带这个他根本不了解的年轻姑娘去游泳，一点也没让他觉得难堪。

戴夫的官方头衔是总统特别助理，但私下我们都叫他"第一朋友"。他跟总统私交深厚，可以追溯到肯尼迪1946年第一次竞选国会议员的时候，波瓦斯人际技巧娴熟，帮助这位富家子弟与波士顿蓝领选民建立了联系。他也跟着肯尼迪到了华盛顿特区，此后肯尼迪做了三任国会议员、一任参议员，现在又成了自由世界领袖，他从不离左右。《新闻周刊》称他为"难以征服的爱尔兰小妖精"，这倒也称不上是贬义，他很淘气，也很有魅力，且随时听候总统调遣。没有人比他对总统更忠心耿耿。波瓦斯和肯

---

① 有顶盖、有廊台、有支柱或兼有一侧围护墙体的供人通行的建筑物，如长廊、回廊等。——译者按

尼迪头一次一起走在白宫西翼的时候，波瓦斯说"那就像爱丽丝走在奇幻世界里，他看上去比我高十英尺，而且好像每天都在长高"。总统对他厚爱有加，他在白宫里有完全的行动自由，想去哪儿就去哪儿，想说啥就说啥。（他嘴大真是臭名昭著，他陪着伊朗沙王①走进椭圆形办公室，竟拍着这位君王的肩膀说："你得知道，你就是我心中的那位沙王。"）简而言之，戴夫·波瓦斯的工作就是让总统开心。

我们快到泳池入口的时候，菲德和吉尔突然出现在我旁边，她们看上去已经是这游泳仪式的老手了，这一下子就让我安心多了。打一年前菲德带我参观了一次白宫后，我就没见过她了。我曾希望在实习期间能和她结成好姐妹，但她大我四岁，这对我们这些大学年纪的女孩来说差不多就是代沟了。

我跟着她们走进了更衣室，就像戴夫说的那样，里面钩子上挂着十几件泳装，都是普通的连体棉质泳衣，尺寸不一，边上还有男士平脚泳裤，胸线上还有混合纤维。我不由得想着都是谁的呢？还是说是公用的，谁想来锻炼一番就能用？菲德和吉尔一点时间都没浪费在胡思乱想上，她们开始利索地脱衣服，换泳装。这种热情是会传染的，于是我就把手伸向了手边第一件泳衣。这件不像我想的那么紧，但也不至于一跳进水里就会全掉下来。

为了给今天的新闻办公室和发布会场地找地方，白宫游泳池被整个改造进室内。自那之后，这就成了个完美的绿洲，整个模拟热带岛屿。三面环绕的墙上，从地板到天花板整个画满了美属

① 沙：王制时代伊朗国王的尊称。——译者按

维尔京群岛①里圣克罗伊岛②的景致，轻风微拂，棕榈树随之起舞；碧波荡漾，帆船摇曳驶过。壁画是总统父亲的礼物，由肯尼迪太太精心策划。第四堵墙上装了镜子，这样空间看起来大些，你就这么被关进了人造的温暖和阳光里。我走过镜子，走向对角，我偷偷瞥了一眼自己的模样，穿着借来的泳衣，我竟感到一阵自信。我也许不是那么曲线窈窕，但至少姿态还不错，我腿也很长，这也突出了我的身高和苗条身材。

戴夫·波瓦斯和我们在一块儿——某种意义上是这样。他脱掉了鞋子，卷起了裤脚，坐在泳池边上，把脚垂在池水里。我壮起胆子，跳了下去，渴望着享受水花击打在身体上和水流的清爽，也想着到菲德和吉尔那边去。她们已经在畅游了，一边聊天还一边咯咯笑着。不过池水一点也不清凉，温度和浴缸里一样。后来我知道，在总统的坚持下，这里的温度常年保持（华氏）90度③，以缓解他的背痛顽疾。我现在还记得，当我一边和菲德、吉尔一起踩水，一边问她们池边上的三明治和饮料是不是给我们准备的时，肯尼迪总统走了进来。

---

① 美属维尔京群岛（United States Virgin Islands），美国海外属地，为美国"未合并领土"。位于大西洋和加勒比海之间，在加勒比海小安的列斯群岛东部，西距波多黎各64千米，由圣托马斯（215平方千米）、圣约翰（80平方千米）和圣克罗伊（52平方千米）3个主岛和约50个小岛组成。属热带草原气候，一年温差变化不大，年均气温26℃。——译者按

② 圣克罗伊岛：维尔京群岛主岛之一，旅游业极盛，岛上兰姆酒制造业素有美名。——译者按

③ 华氏度：一种美国常用的温度度量单位，与摄氏度之间的换算关系为：摄氏度 =5÷9×（华氏度 –32），华氏90度约等于摄氏32度。——译者按

他站在池边，低头看着池里的我们三个。英俊潇洒，肤色是自然的日照留下的褐色，穿着西装，打着领带。

"我能一块儿吗？"他问道。

菲德充满自信地回道："我很荣幸，总统先生。"

他就转身出去走进了更衣室，几分钟之后就穿着黑色泳裤走了出来。对他这年纪来说——四十五岁——他身材极好，腹部平坦，肌肉健硕。看到他菲德和吉尔好像一点也不惊讶，这更让我暗自坚信，对她们来说中午游个泳不过是例行公事，或许也不像我之前想的那么诡异。

总统滑进了水里，在我边上浮了上来。"你是米米，对吗？"他说。

"是的，先生，米米·比尔兹利。"

"这个夏天你在新闻办公室，对吗？"

"是的，先生，的确。"我回答道。

"皮埃尔待你们如何？"

"很好，总统先生，他看起来很和蔼。"

"他让你干什么？"

我告诉他我在剪电报、答电话和整理报道图片。

"我希望这里面有点有趣的事，"他说，"这夏天你住的地方怎么样？"

"在乔治敦，先生。我室友在国务院工作。"

"好吧，很高兴认识你，米米。"说着他就朝着菲德和吉尔游过去了。

我又围着泳池游了几分钟，也不知道到底想干什么，然后游到戴夫边上和他聊了一会儿。然后总统就爬上了岸，戴夫给我们使了个眼色，告诉我们游泳结束了。我麻利地从食物托盘上拿了点吃的，这次泳池"恶作剧"已经耗尽了我午休的时间，我换下了湿漉漉的泳衣，回到了自己的桌子。

就在那儿，在新闻办公室局促的空间里，坐在这些从本届政府就任当日即在这里工作的女士中间，我刚才做的事情开始在我身上展露后效。我一下子开始变得极为不自然，好像每个人都知道我刚才去了哪儿，都很严肃地看着我，显得很不满。这不难看出来：我头发湿漉漉的，散发着氯气的味道。显然我刚游过泳，但同事们谁都没说什么。我也不想挑起话头，毕竟，谁会相信呢？她们又会怎么想呢？

但这机遇并没有怎么拉近我和同事的距离，白宫里很少有员工会以和总统有多少接触衡量她的地位，即便总统甚至知道她的名字。芭芭拉·贾玛勒凯恩，比如说，她说打肯尼迪竞选一开始她就在团队里工作里，在白宫里干了一年半之后总统才开始叫她的名字。她在肯尼迪总统图书馆里留下的口述里承认："我还记得当时在办公室里，好像飘飘欲仙一样，对每个人都说：'他知道我的名字！他知道我的名字！'"连她都是这么说的，那我呢，我不过是个夏季实习生，突然之间青云直上，超过了许多在总统竞选时就开始长期努力工作的职业女性，谋得了一份白宫里万众瞩目的工作。所以我一直低着头，闭着嘴，默不出声继续工作，就好像什么都没发生过。

下午电话再次响起，那时候我头发甚至还没干。还是戴夫·波瓦斯，他问我能不能五点半下班后去参加个新职员欢迎聚会。这根本没法拒绝。

"我去哪儿？"我问道。

"上楼，"他说，"我会来接你的。"

我不知道"上楼"具体是什么意思，但我还是够聪明的，没有去问新闻办公室里的任何一位女性——万一她们没被邀请呢？我想让她们喜欢我，要不然我这个夏天就要很难熬了。

我一开始想戴夫会再给我消息的，这样我就能洗个头发，换身好看些的衣服——但这只是想想而已。时针逐渐挪向下班的那一点，我一直盯着新闻办公室别的女士们，看看她们是不是去盥洗室梳个发型或是补个妆什么的。但我们只是按部就班，什么特别的都没发生。

当戴夫出现在我桌子边上的时候，我觉得万分紧张，确信办公室里每个人都在拿好奇的眼光打量着我，可能他们也确实这么做了。

几个小时之内，我这已经是第二次跟着他到白宫一处陌生之地了。戴夫一路上都在自己哼着歌，什么话都没说。白宫结构并不简单，地上四层，地下两层，散布着拥挤不堪的办公室、古怪的通道和巨型公共空间，组成了这个大杂院。除了椭圆形办公室和内阁会议室外，西翼的其他地方绝对能引发幽闭恐惧症，只占白宫总面积的很小一部分。戴夫带着我穿过迂回走廊，经过内阁会议室走出建筑，穿过西柱廊，经过了通往游泳池的入口，然后又进入房子，走下一条宽阔的门厅道，进了电梯。

当电梯停在二楼开门之后，我终于搞清了我是在家庭居住区。这里宏伟壮丽，优雅宽敞，是一座繁忙建筑里的世外桃源。我想停一下，好好看个究竟，但戴夫却没停下，带我到了一个叫作西会客大厅（West Sitting Hall）的地方。室内排着书架，长沙发和椅子看上去很舒服，放在向西开的巨型半月形窗户。我在那里

42

见到了菲德与吉尔，她们在和一个叫肯尼·奥堂内尔的人说话，他是总统的约会秘书，也是肯尼迪的忠臣，和戴夫·波瓦斯不相上下。他肤色黝黑，要是说波瓦斯是个爱开玩笑的小丑，那他就是个严肃的近侍。总统心中他们都很重要，但理由不一样。

"喝杯台克利酒①吧。"戴夫说着从咖啡桌上拿起个壶，给我倒了一杯。我不太喝酒，故而有些迟疑。

"谢谢。"我接过酒杯，礼貌性地浅啜了一口。

"欢迎成为白宫职员。"戴夫又说，举起了他的杯子，就好像这次鸡尾酒会仅仅是为了向我进入白宫致敬一般。

"能在这儿太棒了。"我憋了一句出来。

我喝干了杯子里的酒，感到放松些了，就没有阻止戴夫再给我倒满。尽管我没什么经验，但还是知道喝酒要吃点东西。我一下子坐到了椅子上，开始享用桌上的开胃菜，边听着菲德与吉尔谈论着戴夫和肯尼。在品尝这些美味小菜的时候，我不经意间偷听到肯尼迪夫人和两个孩子——4岁的卡罗琳和18个月大的让让——去了格林欧拉别墅。那是肯尼迪一家在弗吉尼亚租的房子，供第一夫人养马。

突然间所有人都站了起来，就好像突然有人奏了《向总统致敬》②一样，肯尼迪总统走了进来。我不是很肯定那天我第二次见

① 台克利酒：一种鸡尾酒，又称"冰冻玛格丽特"（Frozen Margarita），一款易于调配的鸡尾酒，只需兰姆酒、橙汁砂糖以及冰块，但却是最好的鸡尾酒之一。入口甜蜜，随即化为酸涩，正如甜蜜的罗曼蒂克却有一个酸溜溜的结束，仿佛是苦乐参半的生活本身的一个冰凉隐喻。——译者按
② 在一些总统出现的场合，军乐队会演奏这首曲子。——译者按

到他是不是很吃惊。要知道，毕竟他住在这儿。但我太沉浸在台克利酒里了，这让我忘了他有可能出现。

总统向我们打了招呼，脱下了他的西装夹克，在沙发上坐了下来，还把脚搁到了咖啡桌上。我都能感觉到房间里的重心一下子改变了，我们不再聊天，都微微向他那里转身，把注意力投向他。毋庸置疑，他肯定知道，这反应每天他都得经历几十次。

容我细细品味一下成为白宫总统最信任的小圈子中的一员，成为那些愿意放松一下、忙里偷闲的人中的一员的味道。坦白说，这让人心跳不止。我感觉就像有人给我戴上了一枚勋章，或是我被允许加入学校最顶尖的俱乐部那样。但我也有些不舒服。尽管室内气氛很愉快，登上白宫二楼这事也很有吸引力——这里可是很少有人亲眼目睹的地方——但我知道我不属于这个团体。我什么努力都没付出。我不知道我该留下还是走人，我紧盯着菲德与吉尔，决定要是她们走的话我也走。

接着总统就从沙发上站了起来，走到了我坐的椅子边上。"你想参观一下官邸么，米米？"

美国总统邀请你对白宫进行私人访问。这真是太不寻常了。肯尼迪夫人此前公开高调宣传她要重整白宫单调而老套的内饰，她已经完工了。她自己设法筹款，说服富人捐出一流艺术品与家具，把白宫按照她心中的标准——低调的奢华——重新整修。自从我13岁那年收到我的玩具屋之后，我就对设计很感兴趣。我无法拒绝这份邀请。

我站了起来，台克利酒立刻往头上涌。我环顾四周，怎么一切都有些摇晃？我期待所有人都跟我们一起去，但别人都没动。当然没有了，他们一直都在那里，每个房间都在他们心里。

肯尼迪总统已经离开了房间，我跟着他，就像被磁铁吸着一样。他打开了过道上的第一扇门，向我解释说这曾是一间来宾卧室，肯尼迪夫人把它变成了家庭晚餐室。我和总统一起站在门口，望着里面刚装修完毕的仿古墙纸，上面装饰着美国革命①的场景。但我总觉得总统之前已经做过很多次这种导游了，并无意流连。紧接着他带我穿过了中央大厅，打开了另一扇门，站在一边把我让了进去。

"这是肯尼迪夫人的卧室。"他说。

这实在很奇怪，她的卧室，那他睡哪儿？这卧室很漂亮，灰蓝色色调，落地窗俯视着南草坪。有着布制华盖的床，事实上是由两张床组成，一张床垫比较硬，显然是为总统准备的，他有背痛的毛病，软一些的那张是第一夫人的。壁炉前有块空间能坐坐，白沙发小巧可爱。我们一同看着窗外，6月夕阳西沉。

"很美，不是么？"我点头，他带着我走过了房间里挂的几张肖像，卡罗琳的是粉笔画，小男孩儿的是陶制半身像。

我察觉到他越来越靠近，我都能感觉到他的呼吸喷在我的颈上。他把手搭上了我的肩膀。

"这房间很私密。"

我回过神来发现的第一件事就是他已经站在我面前了，脸离我只有几英寸远，目光直视着我的眼眸。他双手都搭在我肩膀上，把我引到了床边。

…………

---

① 美国革命：指在 18 世纪后半期导致了北美洲十三个州的殖民地脱离大英帝国并创建美利坚合众国的一连串事件与思想。美国独立战争（1775—1783）是其中重要的一部分。——译者按

结束之后，他提起裤子，对我笑着说："那边有间浴室，如果你需要的话。"说着他指了指角落的一扇门。

我从地上捡起了内衣，从床边捡起了连衣裙。我穿过房间走向浴室的时候，除了文胸什么都没穿。

当我回来的时候，他已经不在卧室里了。

"我在外面这儿，"他叫道，声音是从西会客大厅里传来的，我们的这一夜也是从那边开始的。我走出去到了他那边，他坐在沙发里，我环顾四周看看有没有别人，但官邸里空无一人，只有我们俩。

我还没缓过劲儿来，但他则好像不过发生了这世上再正常不过的事情一般。

"你想吃些什么吗？"他说，"厨房就在那边。"

"不用了，谢谢，总统先生。"我回绝了他。

我当时真正想的是快点离开，他肯定察觉到了。他问了我的住处，打了个电话，对我说在南柱廊入口会有车接我，然后把我带去了私人电梯。

"晚安，米米，"电梯门开了，他说，"我希望你还好。"

"我还行，总统先生。"

到了楼下，警卫告诉了我南柱廊在哪里。我走了过去，果然有辆车在等着接我回家。

# 第五章

1962 年 6 月第三个周二，天还不太晚，距离夏至——一年中最长的一天——还有些日子。透过汽车后侧大窗，我看着白宫反射着落日余晖，金光熠熠，想象着阳光穿透窗户，照进二楼官邸房间的场景。汽车缓缓驶出大门，我对自己说，刚才我就在那儿，和总统在一起。

我并没有流连忘返，自鸣得意，或是自以为是。我回头看一看，不过是为了向我自己确认：刚才发生的一切确实发生了，我不是在做梦。

那也不会只是个梦。

司机载着我穿过首都街头，我很快坐正，直视前方。政府大楼和旅游景点纷纷擦肩而过，我却熟视无睹，沉浸在自己的世界里。我试着领会之前两小时到底发生了什么，把所有的事情拼到一起来解释我和总统一起度过的时光，那是，什么呢？不可避免？令人愉悦？不同寻常？不可思议？

我才 19 岁，没这阅历能把今晚发生的一切拼凑成一个像样的故事。所以我就把注意力集中到最显而易见的事实上来：我不再是处女了。我总是想着我的第一次将是和我爱的男人，在我结婚的那晚。我并没为自己在宗教或道德上开脱，这种信念普通而平常，我这个年纪的姑娘中间很多人都有这道德信条，而我不过是她们中普普通通的一员。

但我的"初夜"太不普通了。我再疯狂也无法想象，那竟是和一个比我大的男人，更别提我父母那辈的人，又何况竟然是美国总统呢。

我是怎么把自己弄成这样的？

我思绪飘回了官邸，回想起起居室里的欢笑，还有酒精，酒后乱性。但当时没有任何性挑逗的含义或是令人感到不安。我试着搞清楚菲德和吉尔在这里面的位置，但她们还是很边缘化，与一切若即若离。我想搞明白戴夫·波瓦斯干了什么，但他也躲躲藏藏，隐隐约约。唯一清晰记得的就是总统穿着衬衫，脚搁在咖啡桌上。他帅得不可思议，英气逼人，让人无法自已。

这就是我坐在汽车后座上整理思绪，最后得出的所有结果。我当时被总统弄昏头了。

汽车在我门口停下，温迪·格力莫尔当时不在家，这让我稍稍松了口气。要是她问起我这一天怎么样，我都不知道怎么说。我倒不是怕会在她面前全盘崩溃，我只是筋疲力尽，想一个人静一静。我径直上楼进了房间，盯着镜子里自己的脸。没任何变化。我没有一夜之间就从"女孩"变成"女人"。我闻到身上还留着总统的 4711 号古龙香水①味，就走进了浴室。热水冲刷着身体，我低头看着自己，想着要是换了另一个对自己身体毫无了解的同

---

① 古龙香水，或称科隆香水（Eau de Cologne），一种含有 2% ～ 3% 精油含量的清淡香水。此香水最先在 1709 年由意大利人吉欧凡尼·玛丽亚·法丽娜（Giovanni Maria Farina）在德国的科隆推出。因为广受欢迎，其他品牌的古龙水也相继被推出，其中包括以其店铺门牌为名的 4711 科隆香水。——译者按

龄女孩,她一定也会问:"原来,这就是性?"我根本不知道这是好是坏,还是不过如此。我也不知道这太快还是太慢,这是不是就是所谓"小心谨慎"还是"意义非凡"。我都没有概念。我没有什么能比较的。

拿起毛巾擦干身体,我继续在脑海里回顾这一天。我重新想了想戴夫·波瓦斯提议午间游泳的意图,他是不是策划了整件事,让总统有机会先看看我?那菲德和吉尔呢?她们是不是也参与其中?

当时,我根本没胃口去回答这些问题。

此后多年,我一直试图解决那天悬而未决的问题。我很疑惑为什么总统带我去参观之后,官邸里的小群体就走了,他们是不是知道卧室里会发生什么?我怀疑他们知道。我也疑惑过,为什么白宫会主动邀请我去实习,还是第一顺位的?是不是因为总统内心对佛明顿的姑娘们有什么特殊羁绊?要知道他娶的就是一位,白宫里也到处都是。事实上,我永远也不会知道。

我唯一没有怀疑的就是是不是我诱惑了他,或者说,勾引了他。似乎这很可笑,我根本不是那种勾引男人的女人,直到这种亲密关系开始之后,我才开始想这是不是太亲密了。我说过我承了很多人的情,也很天真。但毫无疑问,当时在官邸里,我成了他的直接猎物。他这个男人很会,也很习惯为所欲为。他有那种政客的天赋,能让你觉得他陪在你身边的时候,你就是这世界上最重要、最有意思的人。要知道,这里的这个男人,几个月前刚刚用他的个人风格和魅力、机智和锐气让全国为之着迷。

这一切不由得让我怀疑:我到底能不能抵挡他的进攻。这问题很要紧,我得老实说,我不能。但我们在卧室里的时候,他那么巧妙而又猝不及防地操纵了我，那种权威，那种力量，让人连尖叫都来不及，我实在不知道我能做什么去阻挡他。

我并不是在给我当时的消极顺从找借口，因为老实说，我不认为我需要什么借口。我并没觉得有什么好羞耻的。50 年之后，我只是想搞清楚这件事到底有什么意义。

我也不是在给肯尼迪总统找借口。毋庸置疑，他肯定是个万人迷、勾引女人的老手、不知足的登徒子。这一点，我，还有其他人后来都在有生之年逐渐明白了，只是有人快，有人慢。

每次谈及那晚的细节，别人对肯尼迪总统所作所为的反应都很一致。一开始对他的不怀好意相当惊讶："你肯定能看出来的呀，米米。""你被下套了！他就是个采花大盗！"随后，我要是表示反对，那他们就会转为不满——对我。有些人会更进一步，他们并不忌讳那个词——"强奸"，他们用这个词来描述这一切，但我并不这么想。

那夜，伴着震惊与迷惑，我头一次因为有人想得到我而感到激动。而那个人还是美国最出名、最有权势的男人，这更进一步让我感觉简直不可能抵抗。这就是为什么我没对总统说"不"，顺从是我的最佳选择。

曾有那么一瞬间，当总统意识到我此前从没经历过性，且有些不安的时候，他一下子变得温柔了些，也更加殷勤了。他对我更加上心，我也确实觉得和他更近了。我不愿把那晚发生的一切称为做爱，但如果说那不是两情相悦，我也不愿意。

# 第六章

    第二天早晨，我走进白宫，试着装得若无其事，显得很自然。这是我唯一能掩饰内心焦虑的办法。我总觉得新闻办公室里每个人用直觉就能知道，昨天在上面官邸里发生了什么。我尤其害怕遇上菲德和吉尔。她们会怎么想？又知道些什么？她们都很幽默，也都是无忧无虑的年轻女孩，在总统身边显得那么放松，反之亦然。她们会不会觉得我是入侵者，跨入了她们的领地？会不会用皮笑肉不笑来招呼我？我也不知道哪个更糟：被接受或是被怨恨。

    结果我似乎白担心了。我9点整踏进办公室，一切如故。没有怒视，也没有那种"其实我什么都知道"的目光。有两位同事比我稍早到几分钟，已经坐在桌子后面，正在除去打字机上的罩子。她们冲我打了招呼就自顾自做事了。皮埃尔·萨林格不在办公室里。整个环境静得古怪诡异，这提醒了我，今天是周五，人们有别的事要做，不会都被绑在办公桌上。总体上，白宫里大多数人工作日大致都朝九晚五，现在想想觉得很有意思。人人都按时抵达，除非有急事缠身，不然就在某个不错的时间打卡下班，远早于太阳下山。尽管白宫里我见到的每个人都精力充沛，谈吐轻快，但离我此后在《白宫风云》这类电视剧里看到的那种、吞噬一切，员工彻夜不眠的场景还是差得远了。电视里人们讨论国会投票结果或某些不利的劳工局统计数字时，不是沿着走廊慢慢走，而是猛冲，这太不实际了，肯尼迪时代的白宫确实很刺激，但绝不是那种好莱坞级别的紧张，不管你怎么想象。至少在那段岁月里不是。

所有这一切都在提醒我自己是多么无足轻重。我只是个夏季实习生，角落里的影子而已，剪剪电报，接接电话，几乎不为人注意。若说因和总统的事而担忧的话，那不过是我自己脑子里的幻想罢了，因为我在任何旁人脑子里，都不会出现。

当然我也不会出现在总统脑子里。

大约一周之前，他宣布支持他兄弟泰德顶替他此前在参议院里马萨诸塞州的席位。到2月泰德就够30岁了，正好满足美国参议员的年龄下限。泰德马上就发现他自己在党内初选对上了该州总检察长爱德华·麦克科尔马克，而后者自己就在华盛顿特区有不少助理，这一仗可不轻松。爱德华的权权约翰·麦克科尔马克是新上任的众院议长。泰德竞选很大程度上是被白宫赶上架的，所以总统对此很上心。同时，他还要在民权问题上小心行事，扛住压力，当时有人要他签署一份行政命令禁止种族歧视，也要他提出一份全国投票权利法案。

他把给65岁以上美国人提供卫生保健列为政府头等大事之一；还有他的签名计划，就是老人医保，要经历参议院三周紧张的辩论。最后这几乎还是被投票否决了，52对48。还有，当然，永远的经济振兴、避免衰退、平衡预算、控制通胀，还要想办法安抚美国企业界，告诉他们总统是倾向于他们的。他45岁生日那天，道琼斯指数跌到历史最低点，这让商业报刊找到了灵感，开始炒作"肯尼迪大崩溃"。

一言以蔽之，1962年初夏，总统要关心的事情实在是太多、太紧急了。我从没幻想过我会名列其中。

那个周五早晨，我坐在办公桌后面，正在为手头上的事忙得不可开交。当我偶尔听到一句，办公室里某位同事说总统这周末会去和第一夫人会合，我一下子感到轻松了许多。

那个周末，我记住的"没有做"比"做了"多得多。

我没有打电话给我父母。

我没有打电话给我姐姐。

我没有见任何朋友。

我没有和室友说话，感谢上帝，温迪这周末不在。

这并不意味着我这周末躲了起来或是为自己哀恸。我越是焦虑，越把一切安排得有条理。所以整个周末我都在洗衣服，清理厨房，拖地板，倒垃圾，重新填满了冰箱。我去买了些东西，装饰我小巧简单的卧室。我也一个人出去散了几次步，在乔治城闲逛，沉迷于美好街景中不能自拔。

周日夜晚，我睡得有些迟，铺开了整个衣柜，计划明天穿什么去上班。我的焦虑达到了顶峰。我站在床边，思考着有哪些选项，我突然发现，自己到底期待从这份工作里获得什么？我根本不知道。我之前想着去白宫工作，去学习，我在新闻办公室的头三天确实如此，但周四晚上的事，永远改变了这一切。我陷入了迷茫。那地方，那些人，还有我在那儿，这一切有什么意义？我不知道，那个周日晚上，一瞬间，我决定了，我不想再回去了。

这感觉来得快，去得也快。我提醒自己要勇敢，然后就爬上床了。

在白宫的第二周开始得很平静。我还是没在办公室里遇见菲德或是吉尔，上次见到她们还是在和总统的邂逅之前，我也没有再接到戴夫·波瓦斯的电话。我一直低着头，忙着完成我在周一早晨的职责，我听到有人说，总统已经从格林欧拉别墅回来了，肯尼迪夫人则留在了弗吉尼亚，仅仅听到他的名字我一下子就震惊了。我坐在桌子后面，呆若木鸡，眼睛紧盯着电话。要是电话响了怎么办？如果是戴夫打来的怎么办？我该如何应对？我该说什么？

现在几乎50年过去了，我还是这样觉得，这实在是很诡异，我没能想好如果戴夫再提议中午去游个泳或者再到官邸去喝点东西我要怎么办。坦白说，我无法决定我到底想要做什么，我没法下决定。我倒不是厌恶或是被发生的一切恶心到了，也没有受伤。但我的的确确搞混了。可能对我心理状态最准确的描述是"入迷了"。被总统看上了让我觉得自己很特殊，但这不是我习惯的感觉。一个故事一点点在我面前展开，我在其中是主角，然后我面临着一个普世的问题："接下来会发生什么？"我在寻找答案。

我祈祷电话铃声不要响起。

然后铃声响起了。正是戴夫·波瓦斯："你中午想不想去游个泳？"

我相信生命中所有故事都有至少一个转折点，这是一件处于中心地位、生机勃勃的事情，剩下的围绕着这件事情展开。如果在我写这本书之前有人问我人生中的转折点是什么，我会说是我女儿出生，因为这件事给我带来了那么多乐趣。但我现在认识到转折点不一定必然是最有乐趣或值得记住的事，经常会是在你脑中记忆最深刻的事情。

我现在认识到，戴夫·波瓦斯的电话不过持续了十五秒钟，却是我个人的中轴点，如果我简简单单说个"不"，那一切都会变得大为不同。

但我没有。

我并不是很了解戴夫或是总统，可至少那时我还有得选择，我还能拒绝这邀请和这邀请意味的一切。没什么不良影响。戴夫不会因为一名实习生说中午不愿和他上司一起去游泳而勃然大怒，或蓄意报复。我后来也知道了，如果那个下午我没有出现在泳池边，肯尼迪总统连一秒钟都不会多想。他或许一时有些失望或困惑不解，但很快他就会继续。他不会因此决定处罚我。

他为人和蔼，富有智慧，身边所有工作人员都很爱戴他。他和人打交道时是打心眼儿里感到高兴。他才不会告诉戴夫·波瓦斯要处罚我或是怎么着*。他可能会很严厉或很难对付，但那只是对威胁到他总统大位或是政策议程①的人，而不是对他的工作人员。我对他不是威胁。

但重要的是我那时所相信的。我相信如果我说了"不"，那我就永远不可能实现在白宫全职工作的梦想了。我再也不会被邀请进入总统核心集团。和总统待在一个房间那种头皮发麻的感觉我就再也体会不到了。

即使我直到现在都很犹豫，觉得很难为情，我也能理解为什么当时19岁的女孩接过了戴夫·波瓦斯递出的橄榄枝。她有生以来头一次独自作战，离开父母家人、兄弟姐妹、同学好友。不断被邀请，她感到自己受到了恭维，她决意享受人生，管它三七二十一呢。

---

① 政策议程，指公共政策决定者关注并决心解决某项问题，正式提起政策讨论，决定政府是否对其采取行动、何时采取行动、采取什么行动的政策过程。——译者按

＊　2009年，肯尼迪的天才演讲撰稿人泰德·索伦森在其回忆录《顾问》一书中写道："作为上司，他唯一的显著弱点就是他很不愿意——事实上是不能——解雇任何人。恰恰相反，他为他们提供晋升。我第一次发现肯尼迪有这弱点是还在参议院的时候，当时肯尼迪告诉我伊芙琳·林肯①无力应付他越来越重要的电话和信件，但却是团队中最忠诚、最投入、最勤奋、完全值得信任的一员，他试着解雇她，但伊芙琳还是继续每天都出现在肯尼迪办公桌周围。肯尼迪留下了她，带着她到了白宫，且一直很重视她的忠诚。"（作者按）

　　这就是为什么我从桌边站起来，走到了泳池边。

　　菲德和吉尔已经在水里了，围着总统游，打着圈儿。他漂浮在水面上，脸朝着天，让温水舒缓着他的背痛，和菲德、吉尔互相开着玩笑。他只是略微示意，说明他知道我来了，没暴露任何可能暗示我们几天前发生过什么的信号。我却没法鼓起勇气看他一眼，但我确实穿着泳衣站在泳池边，不是吗？会发生些什么呢？我滑进池里，向他们游去。总统现在转过来向着我了，似乎看到我真的很开心，但他仍在不断闲谈。他问我周末过得好不好、工

---

　　①　伊芙琳·马里尼·诺顿·林肯（Evelyn Maurine Norton Lincoln，1909—1995），是约翰·肯尼迪的私人秘书。自肯尼迪于1953年当选美国参议员起，至当选美国总统，直至肯尼迪1963年在德克萨斯州达拉斯遇刺身亡，伊芙琳·林肯一直是肯尼迪的秘书。肯尼迪遇刺时，伊芙琳·林肯也在肯尼迪总统车队内。此后，每年的遇刺周年纪念日，她都会前往肯尼迪墓进行祭扫，著有《我与约翰·肯尼迪的十二年》（My 12 Years With John F. Kennedy）与《肯尼迪和约翰逊》（Kennedy and Johnson）两书。

作顺利开心与否，除此之外就没有别的什么了。就算他对上次的事有些遗憾或是感到负罪的话，他也没表现出来。

后来回想起来，这是很精明的，肯定也是老于世故者下意识的反应。他创造了一种自然的氛围，让我渐渐放松下来。总统没有碰我，没有任何特殊待遇，也没有做任何不合适的事情，这让我略感欣慰。或许我们上次的邂逅只是一次邂逅，再也不会重演。我不确定我为什么会这样认为，我也不确定我是不是想再来一次。其实我是在骗自己，就像个小女孩，不喜欢男孩动手动脚，但要是他停下来她又更加不高兴。所以那天下午戴夫又打电话问我下班后愿不愿意上楼去官邸时，我点了头，我还想菲德和吉尔应该也会在那里。

但戴夫护送我上楼的时候，会客厅里空无一人。咖啡桌上还是那个酒瓶，边上放着一盘奶酪切片。几分钟后，总统来了，和戴夫相互嘲讽，当时我还抱有一线希望，期待会有更多人来。但戴夫站了起来准备离开，我感到一阵恐慌，也站起来想跟着他走，但总统说话了。

"留下来吃晚饭吧，米米，"他说，"厨房的人总是在冰箱里备好了饭的。"

我僵住了。

"再来杯台克利？"

不一会儿他就带我进了另一间卧室，我之前从没见过，这应该是他本人的。"你想洗个澡吗？"他给我指出了浴室的位置。"你关上门吧。"我太紧张了，洗个温水澡也许能放松一下。"我在我卧室里等你。"说完他就走了，留下我一个。

我们的韵事就这么开始了。

虽然总统日程很紧凑，很严密，但他不得不为他的背疼挤出时间来，中午必须要到泳池里去泡一会儿，每天至少一次。这例行公事让他不得不成了习惯的俘虏，也成了我的。我总是在中午或是工作日快结束的时候和总统一块儿游泳，然后急匆匆地跑回办公室，等着电话来叫我晚上上楼。当然决定会不会有这些电话的，就是肯尼迪夫人在不在白宫，更坦白地说，是要她不在。

1962 年 6 月末，总统和第一夫人结束对墨西哥的国事访问回国之后，肯尼迪夫人离开出去长途旅行了，首先和孩子们去海厄尼斯港①，然后去意大利，几乎整个 8 月都在那里。当时我们整整一周都管总统叫"那总"，因为墨西哥人都冲他欢呼"那位总统先生"（El Presidente②）。整个夏天总统几乎都一个人待在白宫里，他每周至少叫我一次，一般都要两次。

第一晚之后，我们再也没有回去过肯尼迪夫人的房间。我们一直在他的房间里——虽然不像夫人的房间那么漂亮，但有一张古老的四柱床，配着一个蓝色华盖，壁炉还在用，前面摆着两张蓝色椅子，可以坐一坐。房间里到处都扔着一沓沓的书、报纸和杂志。

我们在一起的时间越来越多，我们也渐渐不再感到这份关系很荒唐，我也不再觉得很尴尬。总统很懂得如何消除空气中的尴尬气氛——那来源于我们之间相对身份赤裸裸的不平衡——他

---

① 海厄尼斯港：肯尼迪家族在那里有家族别墅。——译者按
② 墨西哥官方语言为西班牙语。西班牙语中总统一词为"presidente"，相当于英语的"president"；"el"为西语中的定冠词，相当于英语的"the"，意为定指，即"那位总统"，故有此译。——译者按

总是不避讳这个事实，叫我"学生"，还好像总是自得其乐。

他总是问我："你们姑娘们在那个寄宿学校整天都干吗呢？"当然他想听到些绯闻轶事，但我不能无事生非。

"什么都不干。"我实事求是。

他显然不愿接受这样的答案。他有时还是那个寄宿学校的十五六岁大男孩，看上去好像我让他想起了那段更简单、更轻松的岁月。我们在一起的时候他总是更像个孩子，很放松。随着时间流逝，比起第一次来，他更注意我的感受，也更温柔绅士了，他再也没做出什么出人意料的行为。整个夏天我们的关系都持续着，有些时候他显得故意在勾引人，有时候像是在戏谑，有时候好像他时间充裕得全世界都任他安排，另一些时候他根本没心情多留。我们的性关系多变而富有乐趣。

肯尼迪总统很好色。晚上我们总是花很长时间一起洗澡。他一天能换6次衬衫，他讨厌汗津津或是脏兮兮的感觉。第一个夏天我们就把他卧室那个简洁的浴室变成了我们的私属SPA房，里面有厚白毛巾、奢侈品肥皂，绒毛白袍子上面印着总统玺。唯一不太协调的是橡皮小鸭子，那是后来秋天拿进来的，大概就是沃恩·米德①的那喜剧精选集《第一家庭》在全国销售排行榜排第一的时候。显然，当时米德在一幕剧里要"总统"分清哪些玩具是卡罗琳的、哪些是约翰②的，"总统"坚持说："橡皮鸭子是我的！"这一出红了之后，肯尼迪总统的朋友送了他一队，他立刻就

---

① 沃恩·米德（1936—2004），美国喜剧演员，以模仿肯尼迪出名，据传有次肯尼迪本人在民主党全国大会上开玩笑说："今晚沃恩·米德有事太忙，所以我就自己来了。"——译者按

② 即前文的让让，让让是约翰的小名。——译者按

把它们沿着澡盆边缘一只一只排开摆到上面。每次只要看到这些鸭子，他立刻就露出了调皮的一面。这也是他为什么迷人的原因之一，他确实是个严肃、老练、严密、责任感超群的人，但他也愿意插科打诨，拿自己开涮。这简直叫人不可抗拒。我们用他家族成员的名字给小鸭们命名，给它们编故事，还经常让它们赛跑，从浴缸这头到那一头。55年后，我的秘密泄露之后，我跟朋友聊起这些鸭子，她说："你这哪是风流韵事，简直就是小孩儿过家家。"

   \* 米德的片子卖出了超过750万张，到现在还是销量最高的喜剧精选集之一。那时候不管去哪儿，广播台、寝室房间甚至是起居室里都在放。——作者按

洗完澡之后，我们稍稍用了一餐，通常是冷鸡肉、虾仁蘸酱[①]或是烤牛肉三明治，工作人员在厨房冰箱里或是轮式餐桌上放什么我们就吃什么。我实在想不出我们在官邸里有吃热饭的时候，显然，他本可以要求工作人员给他送食物和饮料，然后让他们一晚上没事干。他觉得在私生活上他可以相信戴夫·波瓦斯和肯尼·奥堂内尔，还有贴身男仆乔治·托马斯。这三个人都可以随时、无条件进入官邸。特勤局[②]特工一般只待在楼下，很少冒险到二楼来。

虽然我们可以整个二楼乱窜，但却很少走过他的房间和厨房。

---

[①] 虾仁蘸酱（Shrimp Cocktail）是一种开胃菜，或译虾仁杯，cocktail 在这里是指混合的意思，与酒无关。——译者按

[②] 美国特勤局：又译美国特勤处、美国秘勤局等，United States Secret Service，简称 USSS，是美国联邦政府的执法机构，隶属于美国国土安全部。该机构宣誓雇员分为特工和制服员工。2003年3月1日之前，特勤处隶属于美国财政部。负责高官安全。——译者按

他教我怎么用他偏好的方法打鸡蛋，要慢慢地在双层蒸锅顶上打。

晚上有时候，他会往唱机转盘上放张唱片，唱机就砌在连接他房间和肯尼迪夫人的走廊墙上。他热爱流行音乐，从东尼·班尼顿到弗兰克·西纳特拉①，他都喜欢。那我简直不能称之为音乐。我喜欢女孩的相思情歌，像小裴姬·玛赫②的《我愿跟随他》，或是谢利斯的《明天你还会爱我吗？》。我们唯一共同喜欢的曲子就是弗兰克·罗瑟③的音乐剧《如何成功》④中的《我相信你》。总统会把原唱唱片放到唱机上，直接跳到这部成功之作\*第二幕的地方。

　　\*　这部剧 1962 年获得了普利策戏剧奖。——作者按

罗伯特·默斯轻轻哼出"你的眸子清澈冷静，是真理与智慧的追寻者"，这仿佛让他大脑深处产生了愉快的共鸣，他很喜欢

────────────

① 东尼·班尼顿、弗兰克·西纳特拉：美国流行乐歌手，并称为美国 20 世纪最伟大男歌手。——译者按

② 小裴姬·玛赫：年仅 15 岁的小裴姬·玛赫（Little Peggy March）在 1963 年首次录制英文演唱版的《我愿跟随他》（I Will Follow Him），单曲发行后即冲上美国排行榜 Billboard Hot 100 的 No.1，这也使小裴姬成为获得单曲排行 No.1 最年轻的女艺人。——译者按

③ 弗兰克·罗瑟（Frank Loesser，1910—1969），美国作曲家。罗瑟出生于一个音乐世家，但他拒绝正统的音乐教育而是自己学习。1969 年 7 月 28 日死于肺癌。从 30 年代一直到 60 年代，罗瑟都是舞台、电影的著名作曲家，他被公认为是音乐剧中最具独创精神的人物之一。——译者按

④ 《如何成功》（How to Succeed in Business Without Really Trying）是罗瑟最后一部百老汇剧，也最为成功。这是一部讽刺剧，1961 年上演，1967 年被改编为电影。——译者按

这首歌，我后来提出学这首歌歌词，这样我就能独自演唱了。

有时如果太晚的话，我就会和总统睡在一起。若摆在现在我倒觉得不太好，毕竟媒体监督无孔不入，但当时这很平常。

"想干吗就干吗，"总统会对我说，"想走就走，想留就留。"

晚上我要是留下来，他就会借给我他那件柔软的蓝色棉质男式睡衣。有时早上我醒来，会发现总统已经在吃早饭了，顺便翻着每天都送到他官邸的许多报纸。然后他会洗个澡，同时刮脸以节约时间，穿好衣服，大概在九点到九点半之间去椭圆形办公室。

我从不觉得我应该在职员上班之前早早溜出官邸。总统在或不在，我都待得很舒服。特勤局知道我和总统一起过夜。托马斯先生①总是和蔼地向我打招呼，也许是太谨慎或是太忠诚，他从没有用言辞或那种"啊哈我知道"的眼神批判我。回去工作前我一般会回家换衣服，但有时候我只是乘电梯下楼，沿着门廊走过泳池和内阁会议室，回到新闻办公室。我对自己被总统看上这一点很是高兴，自己连着两天穿着同一套衣服都不甚自觉，一点也不尴尬。就算小公室同事发现了，我也无所谓，我觉得我刀枪不入，就好像自己被总统大权庇护着一样。

和总统在一起的第一个夏天，我相信我和戴夫·波瓦斯之间建立了亲密友谊。真是没法不喜欢戴夫，他既有爱尔兰人聊天的轻松劲儿，又有神甫的那种谨慎势头。我觉得戴夫就像长辈一样，照顾着我，确保我不受伤害。我现在明白了，他就像个老练的政治操盘手，在释放烟幕弹。戴夫并没有在照顾我，他是在照顾总统。我曾有段时间怀疑过，我那么年轻，戴夫自己也有两个女儿，

---

① 肯尼迪的贴身男仆，前文有述。——译者按

62

是怎么能理性地去做这种掮客的呢？我们俩在官邸里有大把时间共处，喝着台克利酒等着总统，但我记得他一次也没有带他孩子来过。戴夫这样做可能就是想暗示我，让我不要沾沾自喜有被照顾的感觉或是归属感。他的职责就是陪着我上楼，和我一块儿待上几分钟，然后离开。我经常花很长时间洗澡，然后穿着浴袍等候总统驾临。

有时，晚些时候戴夫晚上还会回来喝一杯，讲些故事和政治花边儿。这两个男人很享受待在一块儿，有时候他们的注意力会转向我，比如说，戴夫和总统都不肯相信我没有被同龄男孩猛追。我最后终于说服了他们，当然，他们肯定将之夸大了，那肯定是在奉承我。我和他们谈起过我大一那年在惠顿[①]时和宾夕法尼亚大学学生吉米·罗宾斯短暂谈过一段。那还不够格称为约会，我们不过在宾州待了一个周末，回了一趟我在新泽西的家，在贝德福德他父母家共度一个周末，然后是纽约，很快就很清楚了：与其和我在一块儿，他更喜欢整天打高尔夫。周日下午，我坐在边上等吉米，他哥哥觉得我很可怜，然后请我去吃午餐。但我没告诉总统和戴夫全部的故事，我让他们觉得这事还没定。

他们俩都抓住了这事不放，尤其是吉米上的是宾夕法尼亚大学这事。只要我在他们俩附近，他们就拿这事开玩笑：“戴夫，告诉特勤局，要是有个穿着宾大衣服的家伙出现，就告诉他白宫已经关了。”或者：“你知道那个穿着宾大衣服的家伙吗，总统先生？我们今天把他抓进去了。”

他们都用最绅士的方式在揶揄我，我也挺受用的，因为我觉

---

① 惠顿：美国马里兰州西部一都市区域，正位于华盛顿之北。——译者按

得我在被他们关注。

当然，我当时并不知道我不是唯一，在总统生活里还有别的女人。我从没有想过他既然这样对我，那也有可能这样对别人。我此后读到戴夫·波瓦斯要许多总统情人保持沉默，因为这样私密的事可能成为"国家安全"问题，但他从没对我提起过。他根本不用。我猜，要是我对任何人说起我和总统的关系，我在背叛总统的同时也在揭露我自己行为有问题。

我肯定不是第一个谈及媒体对总统私生活的回避的，要是换在今天，任何一个公众人物的最隐秘生活细节都逃不过大众的火眼金睛，有媒体这几乎不可能。当然时代也变了，当年人们更谨慎些，可其中很大一部分原因还是因为媒体——不是所有，但大多数——都崇拜肯尼迪总统。对总统的不检点行为当时也有些质疑，但大家兴趣都不大，尽管我不知道那是和我有关还是和别人。30年后，在接受《华盛顿人》杂志采访时，皮埃尔·萨林格谈到他是怎么轻易打发了一个来问这类问题的家伙："我给了他个60年代的答案，而不是90年代的。我说：'好吧，他是美国总统，他一天要工作14到16个小时，他要到国外访问，还要制定国内政策。要是他做完这一堆之后还有事情追风引蝶，这又怎么样呢？见鬼！'记者大笑，然后就走了。然后什么都没发生。"

要我说，总统之所以能把他的韵事瞒过白宫里最贴身的人，那是因为他在公私分明方面是个天才。泰德·索伦森在2009年①的回忆录《顾问》里写道："我们共事的这些年里，我们的关系总是被二元切分。在工作上，我完全介入了，而在他社交和私人生

---

① 该书实际于2008年出版，可能为作者误记。——译者按

活方面却一点也没有，除了少数一些正式宴请，在白宫这些年我们从没一起吃过晚饭。我们为社交而一起出现的次数，少得我都能一一数出来。"

索伦森是肯尼迪主要的演讲撰稿人，为他送上了无数"喉舌弹药"。他很清楚总统是怎么想的，还能清楚表达他的信念和梦想，比任何人都要好。但即使是这个人，这个认为在接近总统和了解他的价值观方面仅次于巴比·肯尼迪①的人，也从没和总统单独用过晚餐，也从没在工作时间之外见过他。

我很明白索伦森想说什么。总统这样公私分明让他能很好地安排生活中的一个个人。妻子儿女有一块天地，海厄尼斯港别墅那里聚集的一堆肯尼迪家族成员有一块天地，他核心圈子里的谋士们也有一块天地，朋友们有一块，媒体记者有一块，这些人觉得他很大程度上既是报道对象又是朋友。接下来，很显然，女友们也有一块。他的天才就是能控制这些"天地"交集的程度。索伦森说："我并不是记得和他有关的一切，因为我从来就没知道过。没有人能做到，他工作生活和思想中的不同部分，很多人都看到了一部分，但没人能全部看到。"

这就是为什么几乎没有人知道总统在玩女人，就连略有耳闻者也少之又少。总统完全掌控着谁能受邀进入他的世界、他们又能看到些什么，他游刃有余。但这一定很累。

_____

① 巴比·肯尼迪（Bobby Kennedy）：第 35 任美国总统约翰·肯尼迪的弟弟，在其任内担任美国司法部长，直到肯尼迪总统被刺杀身亡，他仍在继任的林登·约翰逊总统任内留任至 1964 年。1968 年 6 月 5 日，他在民主党加州党内初选结束后，在洛杉矶国宾饭店举行记者会，在会后离场时遇刺身亡。——译者按

总统的这种战略甚至让我开始对他和菲德、吉尔的关系打上个问号。总统是不是和她俩，或者其中一个也睡过？第一夫人肯定是怀疑菲德的，有一次她正陪同《巴黎竞赛》①杂志记者参观白宫西翼，两位经过菲德办公桌时和她偶遇，当时夫人口气不善，"这就是那个据说和我丈夫睡过的女孩。"她是用法语这么说的（根据芭芭拉·贾玛勒凯恩的口述）。对我来说，要是我曾怀疑过白宫里谁和我在一条船上，那就是菲德。我崇拜她。她总是处事稳重，说的总是对的，每次我们碰见她，总是热情地冲我打招呼，就好像我是她的小妹妹一样。尽管她性格开朗幽默，但她还是像个中央情报局②特工一样小心翼翼。我们经常聊天，大多时候谈论服饰，但我绝想不出有哪次她透露了哪怕一丁点总统的消息。菲德、吉尔也一样，和总统处得很不错，经常在午间一起游泳，但除此之外，我也没什么能说的了。

　　萨莉·贝戴尔·史密斯（Sally Bedell-Smith）③写的《恩惠与权力》一书中就描述了肯尼迪是如何富有侵略性地控制这些不

---

　　① 《巴黎竞赛》：PARIS MATCH，世界著名杂志，1949年于法国创刊，是法国发行量最大的杂志，虽然被人议为带有右派审美趣味，但仍然以其在法国时事报道领域作风严谨，不缺失官廷秘录、影星名模的生活百态的报道，占据着时事杂志阵营的一席之地。——译者按
　　② 中央情报局：中央情报局（CIA）是美国政府的情报、间谍和反间谍机构，主要职责是收集和分析全球政治、经济、文化、军事、科技等方面的情报，协调美国国内情报机构的活动，并把情报上报美国政府各部门。它也负责维持在美国境外的军事设备，在冷战期间用于推翻外国政府。中情局的根本目的，是透过情报工作维护美国的国家利益和国家安全。——译者按
　　③ 萨莉·贝戴尔·史密斯：美国女性历史学家，畅销书作家，主要关注美国广播史和政治人物。——译者按

同"天地"间的人群。她写道，1961年6月第二周，总统背疾恶化，以至于他的医生珍妮特·特拉维尔（Janet Travell）要求他休四天假，前往棕榈滩①休息，并在富商好友保尔·赖茨曼（Paul Wrightsman）名下产业中的咸水游泳池里浸泡。陪着他的有好友楚克·斯帕尔丁（Chuck Spalding）、特拉维尔医生，还有白宫大厨莱内·维尔登（Rene Verdon）和一些职员，其中就有菲德和吉尔。

休·西德（Hugh Sidey）是《时代》杂志的白宫通讯员，他也在跟随肯尼迪到处跑的记者团中。西德回忆说，在棕榈滩有一次肯尼迪请他去参加了一次盛大晚宴，斯帕尔丁、菲德和吉尔都在场，他说那是个"诡异的夜晚"，总统在那儿高谈阔论、滔滔不绝，不停开着玩笑，说着不着边的故事，毫无防备。晚宴结束后，西德提议驾车带菲德和吉尔回旅馆，这也引出了一串让人摸不着头脑的事。菲德和吉尔说她们自己有车，但还是同意和他一起走，上车之后又说她们的车没法发动，不得不回去请求帮助。到那时，西德才有些明白是怎么回事。"休啊，你真蠢。"他对自己说。

尽管写信请求采访杰奎琳·肯尼迪是我白宫历险记的导火索，但我在那里的时候从没见过——更别提和她打交道了。一部分是因为她办公室在白宫东翼而我在西翼，白宫这两部分虽然相距不超过100码，但却像是两个独立小世界，自顾自运作。新闻办公室里我的同事从没说其要去东翼办事。

但主要原因还是1962年夏天她大多数时候都不在白宫。6月她先是陪着总统对墨西哥进行了国事访问，她用毫无瑕疵的西班

---

① 美国佛罗里达州（Florida）东南海岸的观光胜地。——译者按

牙语发表了简短演说，令主方大为惊艳。然后她基本上都不在华盛顿，休 3 个月的长假。她常在格林欧拉别墅和孩子们一起度过长周末，此外，她还在海恩尼斯港租了一套 7 间卧室的房屋，离肯尼迪家大宅不远。8 月 7 日到 8 月 30 日，她和卡罗琳远在意大利，回来之后她就直接去了罗得岛纽波特①的哈姆斯密农场，她童年就是在那里度过的。她在那里陪着孩子待到了 10 月初，然后才回到白宫。这也就解释了为什么总统有那么多时间和我在一起。

　　和当时许多美国年轻女性一样，我很羡慕肯尼迪夫人的王室风范和品位。我母亲也是这样，她 1961 年见过肯尼迪夫人一面，当时夫人在白宫招待了波特夫人的女毕业生们，我母亲把邀请函和一份刻有白宫的纸板火柴珍藏在相册里。不管从哪个角度来看，她都是慈母贤妻，很有个性，抗压力很强，这在日后都凸显了出来。如果我说我不为在她生活中扮演的角色感到负罪的话，那我一定是恬不知耻。但我当年只有 19 岁，当时在我看来，我并不是在威胁肯尼迪夫妇的婚姻，而不过是在总统妻子不在的时候，占据着总统的时间。也许因为她整个夏天都不在，她并没有成为我和总统互动中时时笼罩在我们头上的阴影。除了几次例外，我们在一块儿的时候总统几乎不提起她，当然也从没说过任何批评的话或是指出她什么缺点。我当时的很多想法，现在回过头来看让我很痛心——我只是跟着总统，他说什么就是什么，要是他都不担心他的老婆，我又瞎操什么心呢？

　　现在想来这真是太轻率了，但那时候确实如此。我之前提到过，对于我是不是总统"唯一的其他女人"这一点，我根本想都

---

① 美国罗得岛东南部之一海港及避暑胜地。——译者按

没想，我只是不想去想。

不久以后，各类传记纷纷出炉，我才开始发现他是怎么样的一个登徒子。直到那时我才开始知道比如海伦·恰夫恰瓦泽(Helen Chavchavadze)这些女人——她还是佛明顿的年轻毕业生。还有玛丽·平肖·梅耶（Mary Pinchot Meyer），她是社交名流，极有魅力，曾是一名记者。她俩几乎成了传记作者眼里最典型的人物，很大程度上是因为他们是总统女人里面极少数几位能被指名道姓的。不像我，这些女人并非隐形人。多年来她们都是肯尼迪社交生活中必不可少的一部分。她们和孩子们会面，为取得成绩干杯，出席肯尼迪夫人主持的私人晚宴等——50年代时，那是参议员夫人的邀请，到了60年代，那就是第一夫人了。

读到这些女性的事之后，我意识到总统和我在一起的时候，也和她们中间的某些人保持着关系。我不由得赞叹他的本事，主要有两点。

第一点是他始终小心翼翼不让他夫人知道他不忠的事情。我相信他一直很尊重她（指肯尼迪夫人——译者按），对他来说，她是实现他雄心的绝佳"伴侣"，这是基本的。而这份尊重，他一直放在心里的私密领地，所有"其他的女人"，包括我在内，都不会被允许进入。

第二点则是，从始至终他都在保护他自己。要是你在风流逍遥的同时，还要抚养孩子、做个丈夫、领导政党、运作国家，还要环球旅行，追寻民主理想，你能做到么？你会怎么做？

建起心墙，做出各种区分，确保没人能完全了解你。

# 第七章

总统很是自恋，尤其喜欢自己的头发。

那个夏天，他总是会把我召唤到椭圆形办公室，在他开电视新闻发布会之前给他做个头发护理。显然这是打 1960 年竞选起延续至今的"仪式"，他坚持只用弗朗西斯·福克斯（Frances Fox）品牌的产品，那家公司在纽约州北部。他喜欢躺在摇椅上，闭着眼睛，让我用精华液和某种琥珀色油膏按摩头皮，然后我总是用刷子——从来不用梳子——让效果变得均匀。有时候还在按摩的时候就有人走了进来，总统会让我继续，然后边享受边和客人说话。

不给他做护理的时候，我还是在新闻办公室里干活，跑跑腿，接接电话，整理下办公室用品，剪剪电报，帮忙分发新闻稿，把新闻照片归档什么的。但随着夏日渐渐逝去，我越来越多地在想我和总统的关系，而不是把心思用在工作上，我也越来越深入他的私人圈子了。

尽管我们待在一起的时间越来越多，我们之间也越来越熟悉，然而我从没摆脱过从属、乖乖听话的地位，我们之间不平衡的权力差实在是太根深蒂固了。在一起的时候，我从没想过要叫他杰克，就算我们最私密的时候，我也叫他总统先生。直到今天还是这样，我想这是种思维定式，永远也改不掉。这并不奇怪，想想在他身边环绕的权力光环，这些象征无处不在，就算不在公共场合——

他的男仆、厨子、特勤局特工，哪怕就是戴夫·波瓦斯这些他的密友，全都叫他"总统先生"。我要是叫别的会很不合适的。

那个夏天，一旦总统去了海厄尼斯，我周末的日子就变得无所事事，不知所措，空虚模糊。我室友周末一般都不在，我就完全是一个人了。白天我洗衣服，在乔治城①逛街看看橱窗，晚上就在床上阅读。我没什么社交生活可言。我只记得有一次去了小约翰·洛克菲勒在乔治城办的鸡尾酒会，他后来成了西弗吉尼亚的州长和参议员。好像每个酒会上的人都刚从大学毕业，都在为大人物全职工作。我也在为大人物工作，我暗自心想，不过是无足轻重的小位置。我和这市里最大牌的人物有罗曼史似乎没什么用，这不是能光明正大拿出来说的。所以我只是小口啜着酒，明白我不过是个局外人，然后很早回家了。我盼着周一早早到来，都快等不及了。

后来夏日即将结束，工作日下午总统总是稍微提前一些离开办公室，带着客人到总统游艇红杉号（Sequoia）上游览波托马克河②。红杉号建于1924年，是艘很漂亮的船，104英尺长，有个很大的主沙龙厅和几层甲板，客人可以到上面边小酌鸡尾酒，享受微风拂面，逃离华盛顿令人压抑的热浪。戴夫·波瓦斯总是作陪，马萨诸塞州众议员托伯特"托比"麦克唐纳德也是，他是总统在哈佛大学时的室友，还有"红人"保尔·费，他是海军部副部长，也曾是总统的行伍老友。船上的氛围就像是同学会一样，

---

① 美国华盛顿哥伦比亚特区的西区，高档生活购物区。——译者按

② 长约459千米，位于美国东部，流经华盛顿，为包括华盛顿在内的地区提供饮用水。美国国防部所在地五角大楼和华盛顿众多纪念建筑都建在波托马克河畔。——译者按

止乎礼，同时男人也比女人多，也不一定就都是夫妻。我经常被介绍成"米米，皮埃尔新闻办公室的手下"。

一天下午，我被介绍给了一位女士，她立刻感觉到我不是什么做新闻的。她显然一点也不"天真"。她为佛罗里达参议员乔治·司马赛尔工作，也有传闻说他们俩之间有些什么。我们在上层甲板喝饮料的时候，她拉着我走到了一边。

"你太年轻了，不该在这儿。"她说，"你会后悔的，这一切很快就会烟消云散，然后那时候你就已经25岁了，你生活就全完了。"

我突然觉得心口上被狠狠戳了一下，她怎么知道的？我勉强做出我在佛明顿学到的最好的姿势，说："我完全不知道你在说什么。"

当时我就是个涉世未深的女孩，被总统的权力和魅力光环弄瞎了眼睛，全心全意要为我们的关系保密。除了装出若无其事、无辜的样子，我还能怎么回应呢？某种意义上，我跟她说的也没错，尽管我当时的话显然隐含了"管好你自己的事就行了"的意思，但我确实不明白她说的到底是什么意思。我不认为我太过年轻，不认为在放纵自己，或者这关系上面笼罩的光环会随着时间慢慢褪去，不晓得被一个结了婚的男人这样招之即来、挥之即去很不好，也不知道我做的这一切到底会有什么结果。我根本没法想象25岁时的生活——我才19岁，应该活在当下，享受人生。25岁还早着呢。

8月中旬，总统和我在椭圆形办公室，做着头发护理，然后他就问我想不想看看约塞美提国家公园①。他当时口气那么随便，就好像问我想不想去看电影一样。他解释说他的内政部长史都

———————

① 美国西部最美丽、参观人数最多的国家公园，以其约塞美提山谷闻名于世。——译者按

72

华·优多尔（Steward Udall）一直在催他，要他更加关注节约资源和环境保护的燃眉之急，要他唤醒公众意识，而去几处重要地点访问一下已经被提上了议事议程。他说我肯定会喜欢那里的，那里很漂亮，他问我想不想去。

这当然很好，简直让人无法拒绝。我从没见过约塞美提，再说我坐飞机的次数也少得可怜，一只手就能数得清。我点了头，说我想去。总统接着说戴夫·波瓦斯会安排的。

8月17日，周五，总统就起程开始了这次旋风式访问，只有相关各州州长、先遣组和空军知道。他首先在南达科他州首府皮耶尔做了停留，为欧爱荷水库大坝（Oahe Dam）揭幕，一天后转赴科罗拉多州中部普艾布罗，也是去视察另一处水利工程，还从一名当地政客手中接过了一口铸铁平底锅——这是老西部的象征。他从那里转飞加利福尼亚，在约塞美提国家公园过夜，然后很快去加州的洛斯巴诺斯访问圣路易斯大坝项目。

我则在空军的辅助飞机上，和行李、新闻办公室物资和其他办公职员在一起。我一下子被总统出行的宫廷腔调迷住了。什么都不会留给命运来决定，什么都不用担心。通知甚至包括了我该在白宫哪里放下行李箱，该坐哪辆车去安德鲁斯空军基地。总统不和我们一起去，他坐直升机过去。不用被票子搞得七荤八素，也不用自己费力拖箱子。我的名字和所有人一样印在了正式乘客名单上。如果新闻办公室里别的女士看到名单之后感到什么不快的话，我也没办法。我们由军队护送，坐在车队里直驰安德鲁斯空军基地。我们直接停到了跑道上，然后沿着楼梯爬上了飞机，进入机舱后有一盘盘食品饮料在等着我们。快到的时候，我们接到通知说行李会直接送到我们房间。

73

约塞美提很漂亮，看上去像在月球表面，我在东海岸根本没见过，但很不幸的是，我似乎很快就对此司空见惯了。我开始觉得这就像是个等候游戏，我在外面坐着，等到总统需要我的时候。这就是我的角色。所以当跟着总统的所有日常工作人员都得出空闲，可以逛逛阿瓦尼酒店①的时候，我没有出房间。这是一座粗犷的山间旅社，有许多石头壁炉，还有木头扎起来的屋顶，坐落在约塞美提的日落阳光中。

"留在原地，"我们到的时候戴夫对我说，"总统要你的时候我会打你电话的。"

我就照做了，待在原地，坐在椅子里，盯着窗外看着不到 1 英里远的瀑布，它有 1 100 英尺长，像条水丝带，沿着陡峭花岗岩峭壁跌落。日光渐渐退去，夜幕降临，我叫了客房服务，一个人呆坐着一点点吃着东西，意兴阑珊，等着总统的电话。现在再来描述这一幕，就好像我在画一幅忧郁的图景一般。但要说当时房间里是不是充满了自欺自怜或是孤独感的话，我确实记不起来了。真相是，能成为总统随行人员之一我很兴奋，离开 8 月中旬压抑之极的华盛顿特区我也很兴奋，最重要的，能和肯尼迪总统一起度过这段时光我很兴奋。我分到的房间离他的套房只有三扇门之遥，这是我们在白宫之外一起度过的第一晚。

那天晚上大约八点半，戴夫·波瓦斯出现了，把我护送到了总统的房间。我敲了敲门，总统应了一声。我走进去的时候没有拥抱也没有亲吻。事实上，我不记得总统有哪次吻过我，不管是打招呼

---

① 阿瓦尼：意为"深草谷地"，印第安语，阿瓦尼酒店位于瑟瑞高地地区（High Sierra Region）约塞美提山谷（Yosemite Valley）。——译者按

的吻、告别吻，还是在做爱的时候。相反，他用活泼的"你好"跟我打招呼，就好像我在门口他很诧异一般。然后他坐回椅子上放松，开始恭维我的穿着，接着问我这天过得怎么样。聊天的时候，在房里等了一天的事我根本没提，终于他挪了过来坐在床边上，脱掉了鞋子。他背痛，所以脱衬衫的时候需要人帮忙保护背部，那时我们都知道，他根本不用问，我便会过去帮忙——我也是这样做的。

我不能说我们的关系很浪漫，我们只是性关系，不是亲密无间，只是激情而已。但我们之间总有那么一层保留，这或许可以解释为什么我们从没接吻。我们之间的巨大差距，年龄、权力、经历，就像一层层壁垒，确保了我们的风流韵事不会升级成什么更严重的事。我想都没想过。

我很了解自己的角色，也做得很好。我是他的好伴侣，部分可能因为他讨厌一人独处，但也可能他从我这样的人身上能换换节奏，年轻，充满活力，他能对我为所欲为。我们开新闻办公室成员的玩笑，讨论记者团里谁在说谁怎么样怎么样。总统很八卦，越有料的他越喜欢。

他也很喜欢笑。有一天他问我是不是还记得在波特小姐那里读书时的校歌是什么，这让我很惊讶，这要求很古怪，但我还是顺从了。我一开始唱，他就开始咯咯地笑。我根本没想到他会这样反应，但我能理解。不仅仅是因为我五音不全，听上去像青蛙叫，还因为这唱歌女孩的背景里，有那么几位社交界名人录里的人物。

朋友们一向很喜欢问我是不是爱上了肯尼迪总统。为了自我保护，我总是习惯性回答："我不这么觉得。"但真相是："我当然爱上他了。"这感情，一部分是英雄崇拜主义，一部分是学校女生的疯狂，还有一部分是距离权力人物那么近的兴奋，是三者强有力而令人迷醉的混合体。还有就是我的自我感觉，无论何时我和他在一起，我都觉得自己更有存在感了，有他陪着我，我觉得自己变得特别了。我知道我们的关系根本不平等，我的爱也只是一厢情愿。要知道他是自由世界的领袖，已婚领袖。而我，连投票年龄都没到。

约塞美提之后，我们飞去了洛杉矶，我被安排搬进了比弗利山庄①的比弗利希尔顿酒店。周六和周日下午总统都和他妹妹帕特丽卡和妹夫彼得·劳福德在一块儿，在他们圣塔莫尼卡的海滩别墅度假，而我则一个人待在酒店里，"玩着"等候游戏，直到他晚上回来见我。事实上这一点都不难。酒店高档华丽，游泳池也很出彩，足以让我消磨时光。

从加州回华盛顿的旅途是我唯一一次搭乘空军一号②。那实在是侥幸，一名职员提早回华盛顿了，所以就空出了个位子，然后就给我了。按照所有空军一号乘员的惯例，我们登机远比总统要早。我坐在后部，再往后就是厨房，和其他低级职员在一起。在我们和总统座舱之间有一间会议室，只有总统核心集团才能坐在里面，这次就是肯尼·奥堂内尔、戴夫·波瓦斯、皮埃尔·萨林格，还有拉里·奥布赖恩，他是总统与国会的联络专员，以及优多尔部长。座位很宽敞豪华，所有一切都打着总统玺。头一回乘坐空军一号的乘客，拿点什么餐巾、杯垫、纸板火柴之类的作为纪念品很正常，

---

① 位于美国加州洛杉矶（Los Angeles）西边的一座城市，是电影圈名人聚居的高级住宅区。——译者按

② 空军一号（Air Force One）是美国总统的专机，这架蓝白相间的波音747飞机已成为美国的权力象征，也成为美国的国际图腾。空军一号也常被人们称为"空中白宫"。——译者按

但我觉得自己并不是普普通通的访客，所以就拒绝了。

那个夏天我还和总统一起出行了一次，这次就没约塞美提和比佛利那么风景优美了。当时他日程表上很重要的一部分就是和苏联的空间竞赛，他决意要让美国成为第一个把人类送上月球的国家。所以这次的行程就包括了国家主要的航天航空设施：阿拉巴马州汉茨维尔①的国家航天航空中心；佛罗里达的卡纳维拉尔角②；休斯敦新建的载人航天中心；最后是圣路易斯的麦克唐纳飞行器公司③——国家航空航天局④水星计划⑤和双子星计划⑥部分设备就是在那里建造的。这次旅行为期两天，中间没有停站，只

---

① 美国阿拉巴马州北部城市，美国太空总署太空飞行中心之所在地。——译者按

② 卡纳维拉尔角所在地是众人皆知的航空海岸，附近有肯尼迪航天中心和卡纳维拉尔空军基地，美国的航天飞机都是从这两个地方发射升空的。1963年肯尼迪遇刺后，美国将卡纳维拉尔角的所有军事设施更名以示纪念。——译者按

③ 麦克唐纳飞行器公司于1939年由詹姆斯·史密斯·麦克唐纳创建，1967年与道格拉斯飞行器公司合并，成为麦克唐纳道格拉斯，最终成为波音的一部分。——译者按

④ 美国国家航空航天局（National Aeronautics and Space Administration）简称NASA，是美国负责太空计划的政府机构。总部位于华盛顿哥伦比亚特区，拥有最先进的航空航天技术。它在载人空间飞行、航空学、空间科学等方面有很大的成就。它参与了包括美国阿波罗计划、航天飞机发射、太阳系探测等在内的航天工程，为人类探索太空做出了巨大的贡献。——译者按

⑤ 水星计划（Mercury Project）是美国国家航空航天局于1959年至1963年进行的航天飞行计划，是载人登月飞行的前导计划之一。——译者按

⑥ 双子星计划是美国的第二个载人航天计划，筹划较早，1961年12月7日正式宣布航行。是"水星"到"阿波罗"计划之间的过渡，于1961年11月至1966年11月实行。——译者按

在休斯敦有一天过夜。我又一次坐上了辅助飞机，这次这里面装满了重要人物:副总统林登·约翰逊、陆军部长赛勒斯·罗伯茨·万斯①、国家航空航天局局长詹姆斯·韦伯。还有个人看上去不太协调——广播电视名人亚瑟·戈弗雷，他曾是名飞行员，也是航空行业坚定的代言人。

这次旅行只剩下了关于抵达和离开的模糊记忆。我记得最清楚的就是副总统林登·约翰逊在佛罗里达到休斯敦航程间到我位子前来了。他俯视着我，很有礼貌地介绍了他自己，我却挣扎着解开安全带想站起来。最后站是站起来了，安全带还是没全部解开，很是狼狈。当我晚上在酒店里告诉总统我见到了他的副总统时，他似乎一下子按捺不住，不再沉稳，他说:"离他远点儿。"那时我觉得他这样反应很古怪，但我现在明白了，他把我放在私人那一块儿，但这件事让他警觉到我可能会逾界，而同时他能觉得像林登·约翰逊那么敏锐的政客，简直是"知识就是力量"的活榜样，他或会察觉到我到底是什么身份、为什么在飞机上，可能还会借题发挥。

时间流逝，离我回惠顿城继续大二学业的日子越来越近了，我向父母申请退学，留在华盛顿。我愿意放弃教育，从事这样卑下的工作，他们好像根本没觉得有什么古怪——要是我能实习一结束就在白宫觅得一份工作的话。白宫有着"离权力很近"的光环，肯尼迪政府也极有魅力，我绝不是第一个被诱惑的人。内部人士管这叫"白宫狂热症"，而据我所知，每个在那里工作的人都得了这病。我父母觉得我肯定是爱上了政治，而我是在追寻我

---

① 赛勒斯·罗伯茨·万斯 (Cyrus Roberts Vance，1917—2002)，美国政治家，曾任美国陆军部长和美国国务卿。——译者按

内心真正渴望的职业道路，绝没怀疑过我留在华盛顿的原因远远比这更私人化。但最终他们还是因财务上的原因拒绝了我的提议，他们已经付了我这年的学费，不想让这钱打了水漂。

我可以理解，但却不很高兴。这个夏天我过得很兴奋、很自在，一想到要回惠顿，那个安安静静、全是女生、规矩森严的学院，实在沮丧。

我把之后的安排告诉总统的时候，他答应我回学校后会给我打电话。当我说电话或许会给他带来麻烦，他说他早想到了。他会用化名迈克·卡特。他挑逗我说回学校就像是抛弃——抛弃了他，然后他在官邸立体声播放机上放起了纳京高①（Nat King Cole）版本的《秋叶》②，我当时注意到，当歌唱到"但亲爱的，当秋叶开始飘落，我最想念的还是你"，他一下子显得有些多愁善感，也没有试着去掩饰。

我走之前，又给他带去了一张这碟片，封面上用我在公园里捡的树叶做装饰，算是告别礼物。

"你是想让我哭出来。"他说。

"我没有想让你哭，总统先生，"我说，"我只想确保你能记得我。"

---

① 纳京高（Nat King Cole, 1919—1965），钢琴演奏家，男中音，抒情爵士歌王。——译者按

② 《秋叶》（Autumn Leaves）是作曲家 Joseph Kosma 在 1945年于法国所创作的香颂。因其旋律歌词意境幽美而被广泛流传，众多爵士乐手争相在自己的音乐会和录音专辑里重新演绎它。时至今日，这首传世之作已成为爵士乐的标准曲目。——译者按

# 第八章

没想到总统竟然真的记住我了。

1962年仲夏，我已经回到了学校，搬进了二年级宿舍，开始上课了。不到一周，我就接到了"迈克·卡特"的第一个电话。

肯尼迪总统每天开会，在公众面前露面，忙得不可开交，但据说他平均每天还是要拨50通电话，许多是在他早上离开官邸之前，许多在晚上他回去之后。他告诉我，电话是他连接日常世界的生命线。我们一起在白宫的时候，他总是在给朋友、国会议员或是他家的兄弟姐妹打电话，他根本坐不住，也不会让空闲时间白白溜走，总是在打电话搜寻信息或是和电话那头一起大笑，这也是一种人际交往的方法。

他知道我晚上会在房间里，所以就在晚上给我打电话，我猜他也是一个人。寝室里没有电话，我得去接一楼的壁橱里安的内部电话。总统打的就是那个号码。有时候值班的女孩会把来电者姓名叫出来。总统有波士顿口音，他说"卡特"总是听上去像"可塔"，这名字就会回荡在整个大厅里："米米·比尔兹利，迈克·可塔找你。"

居然从没人听出他的声音，这让我很是惊讶。每次聊的时候，他似乎从没担心会被认出来。他对风险很敏感，很清楚他该走多远、他这样做什么时候会很危险或可能暴露。他的生存本能肯定

80

让他做出了判断：没有年轻女孩会怀疑一个给宿舍打电话的、叫"迈克·卡特"的男人可能会是美利坚合众国的总统。

总统在电话里会问我无数琐碎的问题，铺天盖地一般，就好像他时间根本用不完一样：我上什么课？老师好吗？我在读什么书？同伴们有意思吗？她们在聊些什么？我晚饭吃了什么？他就是这样。从性格上来说，他就是个好奇宝宝，精力无穷，永远不满足。他会盯住任何人发问，从内阁大员到小助手，只要这人能给他带来新鲜资讯，或是一丁点新闻。

显然他也把这好奇心拓展到了惠顿的二年级班。他似乎很喜欢听我大学生活的点点滴滴，总是听得很耐心，从不打断我，也不会显得意兴阑珊。感觉他所有时间都投入到了我的世界里一般。当他特别问及我的社交生活时，我还是顶住了追求乐趣的压力，或是和年轻小伙约会什么的，这些从没发生。事实上我还是没有什么社交生活，只有一两次盲目的约会，在这里或者那里，印象都不长久。我只是个大学二年级生，怎么可能对总统不抱一丝幻想呢？

或许正因为我年轻而天真，他才那么享受和我说话。我们不会谈政治、国家安全或是当天新闻，我不会用关于白宫生活或是他周末计划的问题去烦他。我只是聊我的生活，一天天的琐碎闲事、怎么与麻烦室友相处、怎么对付乏味教师等，而他似乎也能偷得浮生半日闲。

"你什么时候能回华盛顿？"每次谈话，总统总是在结束的时候这么问我，然后我就把日历拿出来，和他商量个日子。

戴夫·波瓦斯就会从华盛顿安排好一切，会有车到我寝室来接我，开上三小时把我接到纽约拉瓜迪亚机场①。一路上我可以做些作业，或是在罗得岛一家沙龙略作停留，做一下发型，车会在外面等我。抵达机场之后，总会有一张东方航空②机票已经准备好等着我了。等到在国家机场（现在叫里根机场③）降落之后，举着"迈克·卡特"牌子的司机就会迎上来接我，然后就驶出机场，直奔白宫。

50 年以后，这幅场景一直在我脑海里徘徊。1962 年，我坐在黑色豪华轿车后座，赶着家庭作业，完全不去想我只有 19 岁，正在往首都赶，为了一头扑到总统的床上去。前后二元对立，看似极不协调。我简直成了两面派：一方面我是乖乖女，按部就班，不管外部世界在发生着什么。我想我也从总统那里学到了怎么切割我的生活。

---

① 拉瓜迪亚机场（La Guardia Airport），在纽约中心区域的东北方向，距离曼哈顿 15 千米。2001 年，拉瓜迪亚机场的旅客吞吐量为 2 193 万人，世界排名第 39。主要以国内航线为主，也通航部分欧洲和美洲的国际航点。——译者按

② 东方航空（Eastern Air Lines）成立于 1926 年，至 1991 年倒闭，其一直是美国国内主要的航空公司。直至倒闭时它仍是美国第四大航空公司，总部设在美国佛罗里达州迈阿密 - 戴德县的迈阿密国际机场。——译者按

③ 罗纳德·里根国家机场（通常简称里根国家机场）位于波托马克河南岸，离白宫约 5 千米，距国会大厦 0.8 千米，是一个国内航线专用机场。当飞机起飞或降落时，可以鸟瞰城内著名的几大景点。里根机场 1941 年投入使用，占地面积 3.4 平方千米，拥有三条跑道，分别长 2 095 米、1 587 米和 1 498 米，允许起降 200 座以下中小型民航飞机。为避免过于拥挤和大面积的航班延误，美国国会还于 1999 年通过法案，进一步限制国立机场的营运规模，规定到该机场的航线不能超过 1 910 千米，否则必须使用离华盛顿市区较远的华盛顿杜勒斯国际机场。——译者按

只有当我在豪华车上，奔赴白宫的路上，我的思绪才会飘到总统那里去。我会在钱包的化妆镜里检查一下自己的头发和脸庞，尽管我还没化妆或是用什么唇膏。我会在心里默默过一遍我要和总统分享的一个或几个段子。让我想要放弃大学教育、到华盛顿去工作的那种"白宫热"尚未消散，只是被默默藏了起来，成为放在心底的巨大秘密，我在惠顿不能与任何人说。在那里我忙着把平均分保持在均线以上，不是在教室里，就是在图书馆，或者是寝室。但当我跨过波托马克河大桥，从弗吉尼亚州进入哥伦比亚特区，然后白宫渐渐进入视线，当时的那种感觉就会猛地冲回来。那时我就会意识到，我有多想念在白宫里的人，还有我在那里感受到的活力。

　　很奇怪，我的华盛顿之旅从没让学校里的朋友起什么疑心。学校一直要求所有女生在离开校园的时候在宿舍正门一本本子上做记录，写明我们去哪儿、会待在哪里、计划什么时候回来。老师和训导主任看到"目的地"一栏里写着白宫的时候大为吃惊，他们从没敢问我会去白宫住在哪里。如果有人问起，我就会告诉他们住在"乔治城一名女性朋友"那里，然后声称白宫新闻办公室周末总是要人搭把手。尽管白宫严格来说确实需要帮助，但"我"这一部分就不是真的了。我去那里的时候很少去新闻办公室，我待在官邸里。

　　1962年10月，当我第二次赴华盛顿"约会"的时候，周日下午迎接我的是和平时不太一样的总统。他不再热情洋溢，倒是略显紧张，安安静静，心事重重，眼睛下面还有黑眼袋。我们在一块儿的头半个小时，我都开始疑惑为什么我会被叫来陪他了。那天晚上，他显然心不在焉，总是在打电话。

他要担心的事很多。几天前，在一连串判决甚至上诉至最高法院之后，詹姆士·梅雷迪思成了密西西比大学①录取的第一名黑人学生。但当他去上课的时候，该州州长和副州长命令阻止他进入大学，这迫使肯尼迪总统对州长采取法律行动，并派了军队去保护梅雷迪思。后来这导致了骚乱，两人死亡，最终梅雷迪思还是在密大开始了学业。就这样，总统在这一重大社会问题上展现了他的决心，虽说这是他自就职一来就试图避免的。结果就是他的受欢迎率飙升，我到的时候，他应该挺高兴的才是。

但我不知道的是，当时总统正处在整个任期中最戏剧化、最紧张的阶段中：古巴导弹危机。

那个周日我离开他之后，整整两周都没有再接到电话，这实在是不寻常。我当然不知道，当时总统授权了U-2间谍机②在古巴上空侦查，结果发现苏联人正在秘密建设核导弹基地，距离美国大陆仅有90英里之遥。到了10月22日，新闻突然就爆发了，我终于恍然大悟。当时是周一早晨，我在上比较政府学课程，明顿·F·戈德曼教授突然中断授课，开始讨论总统计划于晚上7

———————————

① 密西西比大学成立于1848年，是一所男女共校的公立研究型大学。密西西比大学位于美国密西西比州的牛津，由牛津主校区和三个分校区组成。密西西比大学是美国对学生捐赠数额最大的前30所公立院校之一，是密西西比州最古老的大学，是密西西比浸会的附属大学，也是最早提供化学课程的学校。密西西比大学以它的优良管理、师资和学生闻名于教会大学。——译者按

② U-2是洛克希德公司秘密部门"臭鼬工厂"应美国政府要求为特定目的制造的侦察机，看起来就像带动力的滑翔机的原型机。于1955年8月秘密完成首飞。U-2在20世纪五六十年代进行了大量飞行。美国空军和CIA用其侦察敌后方战略目标，如今仍可作为战术侦察机。几十年来曾征战全球，侦察过苏联、古巴、朝鲜、中国、越南等国家，但是也有15架在敌国的领空被击落。——译者按

点发表的全国讲话。我们都知道了他会谈和苏联的冲突，关于古巴的导弹。

宿舍里没有电视机，我就去了学生会堂，在黑白电视屏幕上我看到了总统，比我任何时候见到的他看起来都更严肃。房间里恐惧的气氛显而易见。有些女孩相互握住了手，我站在后排双臂交叉。很难描绘当时总统说出我们所处的绝境时那种紧张的感觉，他解释了我们国家面临着前所未有的威胁。他提醒我们："最危险的就是我们什么都不做。"我多么想在华盛顿和他在一起，但不得不和别人一样，在电视上看看他而已。我环顾房间，意识到没有一个女孩会和我想的一样。

走回宿舍的路上，我一点也没觉得怕，反而很着急。虽然我已经习惯了在惠顿的时候把我白宫生活的秘密掩藏起来，但我突然之间很想身处华盛顿，我想待在新闻办公室里，我想成为"事件"的一部分。这或许是第一次我用历史的眼光，而不是私人的眼光看肯尼迪总统。那是，他不是我的情人，他是一个男人，手握大权，国家安危系于一身。

那晚我打给了白宫，总机接线员那时候已经很熟悉我了，直接就把我接给了戴夫·波瓦斯。

他显然身处巨压之下，没多少时间说话。"我们谁都不知道会发生什么，米米"，他简短地回答，"周末左右我会给你回电的。"

接下来四天过去了，进展缓慢。古巴导弹危机，人们都这样叫，新闻上到处都是，某些人深为忧虑，另一些则陷入了彻底的歇斯底里。我们得到警告：防空洞不足。我们四面楚歌，到处都是各种预测，说美苏核大战会带来怎样末日般的场面、多少多少人会死去，等等。我必须承认当时我觉得很绝望，如果不是惊恐的话，我的想法很是天真：如果我能去华盛顿的话，一切都会好起来的。这一点逻辑都没有，但我觉得如果能离总统近一些，能待在做出决定的那座建筑里，我就能更有安全感。

接下来的周五，戴夫·波瓦斯给我打了电话，我跑着去接的电话。"来华盛顿，肯尼迪夫人去格林欧拉了，我会派车的。"

我整理了些过夜的东西，第二天早上签字离开了。

当我在南门廊下车后，我如往常一般直奔楼上。戴夫和我在官邸起居室里玩起了"等待游戏"，隔壁就是总统卧室，当时总统还在楼下和一组心腹谋士开会。人们管这些人叫"×委员会"①，就是国家安全理事会执行委员会。他们在白宫开会，就是为了讨论怎么应对古巴危机。总统在会议开始后没多久加入了他们，但显然他心思不在那里。他说的话让人感觉很沉重。一般来说，他会把总统身份抛到脑后，喝上一杯，尽量把房间气氛搞活，让每个人都很轻松。但他那晚没有这么做。他连开玩笑都心不在焉，像是在葬礼上一样。有那么一会儿，他离开会议室去接另一个紧急电话，回来的时候摇着头，对我说："我宁可让孩子受伤流血，也不要他死掉。"这不是什么政治宣言，也不算什么轻浮的话，他深爱着他的孩子，无法忍受他们受一点伤害，这只是一位父亲的心里话。

晚上稍晚些，他催着戴夫和我去吃为我们准备的烤鸡肉晚餐，它们现在已经冷掉了。我们开始吃的时候，巴比·肯尼迪打电话来说他在来的路上。他到的时候，我已经躲到了卧室里，没有被看到。因此，我就没能亲眼见证理查·瑞夫1993年传记作品《肯

---

① "ExComm"，国家安全执行委员会。——译者按

尼迪总统：权力白描》中提到的戴夫和总统间的谈话，瑞夫在这本书里完美描绘了戴夫作为第一朋友的形象。事实上他们聊的时候，巴比一直在描绘一幅灰暗、末日般的灾难图景，而戴夫一直在吃。

"上帝啊，戴夫，"总统说，"看看你狼吞虎咽吃鸡肉的样儿，还把我所有的葡萄酒都喝完了，谁都会觉得这就是你最后的晚餐[1]。""看巴比说的，我真的觉得这就是我最后的晚餐了。"戴夫说。

总统和他兄弟一起下楼参加另一场×委员会会议时，戴夫告诉了我刚才发生的事情。总统有信心——至少比巴比有的多——这次危机能和平解决。他刚刚给赫鲁晓夫[2]写了封信，提出结束海军封锁，且保证如果赫鲁晓夫从古巴撤出导弹，他就不会入侵古巴。现在他在等，和全世界一起在等苏联总理的回复。

那晚我在官邸里。一切让我觉得像是超现实小说一样。我并不属于那里，我知道，但这就像中毒一样。那时候，地球上任何地方我都不想去，只想待在那里。

但即使总统很是公私分明，古巴导弹危机也让他乱了阵脚。我们的约会很大程度上总是因性而生，这时候显然也不合时宜。戴夫和我又等了总统一会儿，但他的会议一直到晚上 11 点还没结束，我就决定先上床休息了。他终于结束上楼来的时候，我已

---

　　[1]　最后的晚餐是《圣经》记录耶稣在地生活时发生的几个重大事件之一。最后的晚餐描述了耶稣被捕和在罗马十字架上受难之前，同他的门徒一起吃的最后一顿饭。耶稣有目的地安排了晚餐，指示门徒在那里设宴。十二门徒在晚餐时和晚餐后都跟耶稣在一起。就在这里，耶稣预言彼得将在鸡叫之前三次不认主，后来应验。耶稣还预言门徒犹大将出卖他，这也应验了。——译者按
　　[2]　尼基塔·谢尔盖耶维奇·赫鲁晓夫：苏联重要领导人，担任苏共中央第一书记、苏联部长会议主席等职务。——译者按

经睡着了。那晚，他和戴夫一起看了《罗马假日》<sup>①</sup>，寻点轻松。

第二天早上我起得很早，因为要回学校。总统已经起了，坐在床上，忙着讲电话，我大概早上 8 点左右和他挥手道别。因此，那个周日早晨他就是一个人待着。10 月 28 日，也是全世界都明白莫斯科早上 9 点会发布一个重要声明的日子。总统得知苏联人接受他的条件，同意从古巴撤回导弹时，我正在火车上，大致在华盛顿和普罗维登斯市之间。和全体美国人一样，他是通过电波听到播音员从莫斯科读出赫鲁晓夫的信件的。

白宫当时肯定好似卸下了千斤重担。这次离"确保相互摧毁"<sup>②</sup>前所未有地近。许多总统顾问——我后来从皮埃尔·萨林格的回忆录里读到——包括新闻办公室的成员，都睡在了办公室里。皮埃尔本人搬进了一座旅馆，离白宫只有一个街区之隔，这样就能和他的助手们轮流值夜班。芭芭拉·贾玛勒凯恩后来在 2001年《纽约时报》专栏上回忆说，她当晚被安排第一个值夜班，后

---

① 《罗马假日》(Roman Holiday) 是 1953 年由美国派拉蒙公司拍摄的浪漫爱情片，故事讲述了在意大利罗马一天之内，一位欧洲某公国的公主与一个美国记者之间发生的浪漫故事。影片由格利高里·派克和奥黛丽·赫本联袂主演，取得了巨大的成功，成为好莱坞黑白电影的经典之作。奥黛丽·赫本也因该片获得了她一生最重要的奖项——奥斯卡最佳女主角奖。电影上映后，片名成为很多商号争抢的名字，也有用罗马假日作为品牌的摩托车。——译者按

② 指核威慑。相互确保摧毁战略是美国核战略的一种、灵活反应战略的组成部分。它指美苏双方均拥有可靠的第二次核打击能力，即在对方首先实施核打击后，己方仍能生存下来，并具备完全摧毁对方的核报复能力。因此，任何一方发动核袭击，肯定会遭到报复性回击。只要保持这种"稳定的恐怖和平"，就可威慑双方使彼此都不敢发动战略核袭击，避免核战争。否则，美苏双方就有可能同归于尽。——译者按

来睡在地下室的防空洞里。"真正引起我注意的，"她写道，"是收到了个白色信封。"信封告诉她一旦要疏散就去北门廊那里报到。当她隔天早上回家换衣服时，她的一名室友正忙着把车开往佛罗里达，试图逃离华盛顿。整个首都都处于恐慌之中。

我并不记得事情到了那种地步。我记忆里，当时总统和他选来一起处理危机的人，包括"最好最有智慧的人物"，例如国防部长罗伯特·迈克纳马拉和国家安全顾问迈克·乔治·班迪，正在一起开会。而我就像个婴儿一样在睡觉，裹在柔软的亚麻织物里，陷在白宫二楼一间卧室床上。那时，我觉得那里就是最安全的地方。

# 第九章


　　就算是在大学寝室里，大家年龄相仿，都是 19 岁青春韶华，我也不记得曾和同学谈起过"性"，更不要说和总统的性事。那时性还是个禁忌，电影里没有裸露画面，电视很纯洁，有益身心健康，用今天的标准去看当时的广告，那简直是老土得很，中规中矩。海伦·格蕾·布朗（Helen Gurley Brown）[①]破天荒一般的《单身女孩》[②]尽管 1962 年就出版了，且据说出版头三周里就大卖两百万本，但当时性这个主题还是犹抱琵琶半遮面的，就连这本书在出版前也拿掉了关于避孕的一章。不仅如此，她在电视上出现时也经常被禁止说出"性"这个词。不论如何，我从没读过这本书，我也没读过当年流行的桃色小说，比如格蕾丝·梅塔

---

　　① 著名杂志《大都会》终身总编，著名畅销书籍《单身女孩》的作者。终其一生都是时尚界领军人物，将一份连年亏损的文学杂志一举缔造成为全球最知名的传媒品牌。——译者按

　　② 《单身女孩》讲述的是海伦生活中女性朋友的经历与感受，基于她们真实的故事，海伦向年轻、单身的女性读者提供职业发展、恋爱生活、时尚娱乐等方面的建议，整本书传递了一种"婚前的生活该是如此美妙"的信息。在一夜之间，《单身女孩》成为全美最畅销图书，被好莱坞购去版权改编拍成电影。评论家认为这本书是 20 世纪 60 年代性革命的缩影，它最早公开认可女性婚前性行为是合法的，在其影响下产生了一系列的文化变革，在 1960 年介绍了避孕药，1973 年促成最高级法院对罗诉韦德案的判决，使得流产合法化。——译者按

利亚斯 (Grace Metalious) 的《冷暖人间》<sup>①</sup>或是罗纳·贾夫 (Rona Jaffe) 的《最好的事》。当年这些小说只要和性有关就能一炮而红。但在我的圈子里，就算是很疯的男生——当然也有些女生这样——"性"这话题也是禁忌。那时候保持贞洁就好像是种时尚，越久越好，最好就是直到洞房花烛夜。

我也没和母亲或姐姐谈起过这话题。现在想起来觉得有些奇怪，我家并没有怎么重视我。他们觉得我就是个品行良好的女孩，暑期在白宫干着令人艳羡的工作，平时就在大学追求学业。我和母亲的关系也没开放到那种她会期待我对她坦承一切的地步，或是我可以拿最私密的问题去问她。很多事都随风而逝了。她还有十几岁的男孩女孩要抚养，还要忙着做家务、忙社交，等等。倒不是说她有意忽视我，她只是不担心我罢了，她觉得我能照顾好自己。

如果说我想告诉谁的话，我想会是巴菲姐姐，她长我 4 岁，当时在费城<sup>②</sup>工作。我想我或许会在和总统第一次相遇之后就立刻告诉她，谈话可能不太愉快，我可能只是跟她说起这话题，但或许只是突出我失去了处女之身，而不会提是谁。但我觉得这会

---

① 当年被认为是"黄书"的畅销小说．据此改编的同名电影也是 1957 年票房佼佼者之一，该片当年获得 9 项奥斯卡提名，光演员就获得 5 个提名，其中有 2 个男配角、2 个女配角，可惜无一获奖。——译者按

② 费城 (Philadelphia)，也常被简称为"菲利"(Philly)，有时也有人称"兄弟之爱城"(City of Brotherly Love)，为美国第五大城，并且是宾夕法尼亚州人口最多、面积最大的城市。1776 年 7 月 4 日，13 个英属北美殖民地的代表在费城召开第二次大陆会议，通过《独立宣言》。——译者按

是个潘多拉魔盒①，而且一旦打开就永远关不上了。要是我告诉了她，她准会缠着我问我究竟和谁睡了，而且她可能会觉得有责任做些什么，然后她就很有可能会告诉我父母，然后他们可能会命令我结束在白宫的实习，但我不想这样做。

所以我就选择了"顾左右而言他"。

秘密就此成形。

要是总统不过是夏天的匆匆过客，快乐完了就完了，那么把秘密瞒过我在惠顿的同学就会相对简单。但不是那么回事。我们的关系秋天、冬天都在继续，我去了很多次，这让我变得只要人们一提到他我就会很敏感。我害怕会不小心吐露些什么，所以就开始故步自封，结果变得有点离群索居。我不参加学校活动，也没交很多朋友。我也不会去和"瘾君子"鬼混，姑娘们会到宿舍地下室抽烟间里吞云吐雾，放松一下，顺便八卦八卦。我几乎不谈及自己的生活，我说什么呢？说什么都感觉像是在说谎，我最安全的办法，就是保持安静。

我最重要的就是要保护总统和自己的名誉，所以我甚至和室友保持着距离，她们也是我在佛明顿的同学。我怀疑她们甚至都没觉得我性情上有过什么巨大变化。我没有整天待在床上，没有

_____

① 潘多拉魔盒，又称潘多拉盒子、潘多拉匣子。传说火神用黏土制造出大地上的第一个女人——潘多拉，众神赐予潘多拉许多礼物，美丽、聪明、好奇心……但其中一件最危险的礼物是一个漂亮的魔盒。一旦这个魔盒被开启，各种精通混沌法力的邪灵将从里面跑出来危害世界。尽管众神告诫潘多拉千万不要打开盒子，但潘多拉最终没有听从神的劝诫，在强烈的好奇心驱使下，她最终打开了魔盒。尽管她及时关闭了魔盒，但是整个世界已在一刹那间被从魔盒中释放出的各种邪灵所充斥而陷于混沌之中，唯有"希望"被关在了盒子里。后即以"潘多拉盒子"喻不幸与灾难。——译者按

撅着嘴，也没有偶尔深深叹过气，我没有显得很像为情所困的样子。我只是和人保持一些距离，显得对人有戒心，这就像是乌云，多年来笼罩在我和朋友的友情之上。

然而我和总统的关系整个冬天都很密切，他一直召唤我去白宫，并要求我参加总统出访。这些访问并不全是快乐回忆，有一次深深铭刻在我记忆之中，那次快乐的时候确实忘忧，但低落的时候，也是排山倒海的。

12月上旬，总统计划出访西部十一州。戴夫·波瓦斯给我打了电话，问我能不能在访问快接近尾声时在新墨西哥州①阿布奎基市②和总统随行队伍会合。然后我们会去平·克劳斯贝③在棕榈泉市④的房子休整一下，旅途劳顿，这是亟须的。于是又一次，我又要从惠顿签字走人，又要去华盛顿赶搭空军一号的备机，但有一点不同——这也至关重要——我不再是新闻办公室一员了。我是以一名普通公民的身份，搭乘了一架白宫飞机。肯尼迪图书

---

① 新墨西哥州（New Mexico）美国西南部4州之一。北接科罗拉多州，西界亚利桑那州，东北邻俄克拉荷马州，东部和南部与德克萨斯州毗连，西南与墨西哥的奇瓦瓦州接壤。面积31.5万平方千米，在50州内列第5位。人口1 954 599人（2006年）。新墨西哥州首府圣菲（Santa Fe）位于本州中部。该州最大的城市阿布奎基（Albuquerque）在州府之西南方。——译者按

② 美国新墨西哥州中部城市，乃著名疗养地。——译者按

③ 平·克劳斯贝（Bing Crosby），1901年5月2日生于华盛顿州塔柯玛。原名哈里·里利斯·克劳斯贝。自幼音乐天赋很高，在孔萨加大学读书期间便热心于唱歌奏乐，曾同好友艾尔·林克组织了一个小型乐队，他担任鼓手兼独唱。1926年，被爵士乐大王保罗·惠特曼看中，应邀加入了他蜚声全美的大乐队。集超级歌星、超级笑星、超级影星于一体，连续14年被评选为全美十大明星之一。——译者按

④ 美国加利福尼亚州南部的游览城市。——译者按

馆里的匿名口述历史中，不止一名记者对我的身份感到好奇。现在看起来，这真是再正常不过了。大二学生在总统专机上？和所有擅长打消记者疑惑的人一样，皮埃尔·萨林格肯定含糊其辞，糊弄了过去，因为什么后果都没有造成。

我们抵达阿布奎基市之后，我和菲德一起去沙漠中骑马，那真是棒极了。我们直到日落才回来，我回到宾馆等候总统和戴夫·波瓦斯。看到他们之后我兴奋不已，迎上去绘声绘色地描述着下午的活动，我们一起在总统套房里用了晚餐。那天的确很完美，总统看上去也是打心里高兴。

第二天，我们出发前往平·克劳斯贝在棕榈泉市的住处，许多娱乐圈人士已经在那里聚齐，办了派对，等着见肯尼迪总统一面。我感觉好像自己被什么奇妙、隐秘的俱乐部接纳了一般。

但那晚却成了噩梦。

我之前曾略微领教过总统心中阴暗的一面，这很少出现，也只会在熟人之间。他觉得他需要对我动用权力时就会这样。尽管到那天我对他的崇拜还是坚定不移的，但他性格中较为阴暗的那部分，让我觉得和他别的优良品格格格不入，很难想象那竟是同一个人。现在再揭露他这一面的时候，我发现我还得给这记录再加上一笔，但我无法忘却，或忽略他在那些时候做出的事。这深深烙刻在我记忆之中。

克劳斯贝家宅很现代化，似沙漠中一处单层、肆意蔓延的大牧场，派对也很喧嚣。跟我在华盛顿所在相比，那简直就是另一个地球。人很多，都是好莱坞圈内人，吵吵嚷嚷，围着总统挤成一团，总统和以往一样，总是人群注意力的焦点。我当时在起居室里，坐在总统身边。有一位客人递了几粒黄色胶囊，很有可能是亚硝酸正戊酯①，人们一般叫"爆米花"的玩意儿过来。总统问我想不想试试这药，这是刺激心脏的药物，据称也有春药的效果。我说了不，但他还是固执己见，把药丸拿到了我鼻子底下。（总统已经习惯了在饮食中掺入许多药物一起服用，且据说还靠甲基安非他命②来提神，那晚他自己没有吃药，我反倒成了试验的小白鼠。）吸入药粉几分钟之后，我的心脏就开始狂跳，双手也开始颤抖。这是前所未有的感觉，我一下子惊慌失措，惊恐万分，哭叫着从房间里跑了出去，祈祷这一切能快点结束、我也不会突然心脏病发作。戴夫·波瓦斯（上帝保佑他）跟着我冲了出来，把我护送到房子背面一个安静的角落，陪我坐了一个多小时，直到药效完全过去。

那晚我没有和肯尼迪总统一起过。他住在一处套间里，现在那里已经改名叫肯尼迪侧楼了，从克劳斯贝家有自己的专用入口出入。他是一个人吗？我不知道。认识他以来第一次，也是唯一的一次，没见到他让我觉得那么如释重负。我一个人睡在了一间客房里。

然而，这并不是我和总统之间的第一场噩梦。此前，大概是夏日将近的时节，在中午游泳的时候，他在白宫泳池里主演了一出更加无情、不可饶恕的闹剧。那次我和总统在泳池里相互游着圈子，懒洋洋地，相互泼水闹着玩。戴夫·波瓦斯坐在泳池边，整个空间里很暖和，他脱掉了外套，也松掉了领带，但除此之外他衣着完好。他垫着一块毛巾坐着，卷着裤脚，双脚垂在池水里。

总统冲我游过来，在我耳边小声说："咱们的波瓦斯先生看上

---

① $C_5H_{11}NO_2$，一种血管舒张药，吸毒者非法用于刺激精神快感，也有性刺激作用。——译者按

② 甲基安非他命，其盐酸盐或硫酸盐即冰毒。——译者注

去有些紧张，你想照顾一下他吗？"

他在激我，但我懂他的弦外之音……我不觉得总统认为我会愿意这么做，但我不得不承认，尽管让我脸上蒙羞，我这么做了。那场面真是不堪入目，我笨拙得可怜，现在我想都不愿去想。我站在泳池浅水处，做着该做的，戴夫显得很享受，也很顺从，总统在一旁静静看着。

我竭尽全力也无法回想起当时为什么，出于何种感性冲动或是理性思考，我不假思索地服从了总统的命令。可能我是被在他身边感受到的那种愉快冲昏了头脑，也可能我是被他的魅力和权力俘虏了。但显然我自己缺乏安全感，想从他那里获得认可也是起了一部分作用的。也有部分原因是我们仨都觉得相互很亲近，是那种同谋犯之间、那种一根绳上牵着的蚂蚱一般的感觉。戴夫·波瓦斯和我，我们和肯尼迪总统的关系都是休戚与共，而在这偷情中，戴夫的牵线搭桥也起了关键作用。但现在这个我们向之全然效忠的人却走得有些太远了，他在感情上羞辱了我，也贬低了戴夫。他想干什么？看看我给戴夫做，然后向他显摆，说我们都在他的掌控之下？

这事结束之后我很尴尬，我从泳池里爬出去直接去了更衣室。我能听到戴夫对他老板说话，用的语气如此之严厉，之前我从没见过。

"你不应该让她这么做。"戴夫说。

"我知道，我知道。"我听到总统说。

此后，变乖了的肯尼迪总统对我们俩都道了歉。

我很喜欢戴夫·波瓦斯，他后来在波士顿当了肯尼迪图书馆整整30年馆长，之后于1998年去世。他是我见过的最有意思的男人，也是个聪明人。他天性活泼愉快，但灵巧地改变了自己，忠于肯尼迪总统，严肃而不惜一切代价。理查德·W·史蒂文森后来在《纽约时报》上为他写了讣告，用这则小故事完美地抓住了他的性格：

> 有一次被问及他在政治生活中遇到的最艰难时刻，他说，那是在1952年民主党全国代表大会①上肯尼迪本来要用黑鞋搭配蓝套装，但他忘记带黑鞋了，这让肯尼迪不得不只能穿着棕色鞋子发表电视演说。
>
> "结束之后，"波瓦斯先生接着说，"我要帮助他放松下来，我说：'参议员先生，我得说，我从没见过棕色效果那么好。'"

这就是我了解的戴夫·波瓦斯，对约翰·菲茨杰拉德·肯尼迪如此忠心耿耿，以至于会因为他的老板穿着棕色鞋子错搭蓝色套装而感到挫折失败，尽管当时只有黑白电视转播，但他们却能转危为安，也能用一个小小的玩笑挽回他的尊严。但我也很同情他。我能想象到在总统吩咐下他要承担哪些不甚愉快的差使，因为他不得不面对的，也和我有关。

其中最令人不安的一件差使发生在1962年秋天，我回到惠

_____

① 民主党全国代表大会每隔4年在选举年举行。全国代表大会的3个主要功能是：提名总统和副总统候选人；讨论并通过党的竞选纲领；制定党派规则。来自全国50个州、哥伦比亚特区和海外领地的代表、民主党官员以及外国要人都会出席这一会议。1824年，随着推选总统和副总统候选人的党团会议制度变得岌岌可危，民主党内提出举行全国代表大会的设想。1832年，民主党首届全国代表大会在马里兰州巴尔的摩召开，由来自全国各地的代表投票选择总统和副总统候选人。——译者按

顿数周之后。当时我越来越担心自己怀孕了，"迈克·卡特"打电话来的时候我也实话实说了。我说我很担心，我的月经已经两周没来了，但总统听到消息后显得很从容。倒也是，他没什么好惊讶的。避孕这事我一点也不懂，他也从来不用任何保护措施，但这是因为他的天主教信仰①还是因为他一点也不害怕，我就不清楚了。

一个小时后，戴夫·波瓦斯给宿舍打来了电话，给我介绍了一位在新泽西纽瓦克认识医生的女士。当时流产还是非法的，但如果你有现钞，有关系能找到一位有同情心的医生，这还是相对简单的。我给这位女士打了电话，摊牌了自己的身份，拿到了医生的资料和电话号码。戴夫肯定之前给她打过预防针，不然任何肯尼迪总统和流产医师的点滴线索都能掀起轩然大波。即使是平素温驯的白宫记者团也不可能放过这事的。

这就是纯粹的戴夫·波瓦斯：他做事雷厉风行，且实际到残忍的地步。他根本没有谈及我想要什么或是我的感受，或者是流产可能带来的风险。一切就这么安排好了。我只要想坐下来放松一下，深呼吸然后过一下我脑子里的所有可能性，我脑子就一片空白。我没法理智地思考现在所处的境地，也没有谁能倾诉，我坠入了焦虑的深渊。

最后这不过虚惊一场，我根本就没和纽瓦克的医生联系。几天后月经就来了，我提着的心也放下了。不论戴夫还是总统都没有再提起这事。

但如果把这些事情放到我和总统待在一起的大多数时间中来

---

① 罗马天主教认为怀孕与孩子是上帝的恩赐，应顺其自然，不能采取避孕措施。——译者按

看，这样的时刻不过是九牛一毛。他还是个可爱周到、慷慨大方的男人，无论何时我们在一起，他都能让我兴致高昂，老实说，我真心觉得白宫里每个人都这么觉得。然而，他确实有魔鬼的一面，我都不敢想戴夫为他老板还干过什么擦屁股的事情。戴夫实在是太好好先生了，他都不会好好想想这些差使，我觉得要是他能就此帮助总统放松心情，他也不会为这些事情过多失眠的，只要是和总统有关，我不相信戴夫的第一反应会是明辨是非。

圣诞节前一周，我到了巴哈马<sup>①</sup>与总统会合，他在那里会见英国首相哈罗德·麦克米兰<sup>②</sup>。这一次我没搭乘空军一号或是白宫备机。新闻办公室肯定有人，也许是克里斯蒂娜·坎普向皮埃尔·萨林格抱怨，让他知道了记者团对我在官方飞机上的出现很感兴趣。我持预付票搭乘了商业航班，倒没觉得有什么差别。当

---

① 巴哈马，正式名称巴哈马联邦 (Commonwealth of the Bahamas)，是位于大西洋西岸的岛国，地处美国佛罗里达州以东，古巴和加勒比海以北，由 700 多个岛屿及 2 000 多个珊瑚礁组成。其中 20 余个岛屿有人居住。属亚热带气候，年平均气温 23.5℃。一直到第二次世界大战后，巴哈马的旅游业才开始发展。1973 年成为独立的巴哈马国，按人均 GDP 计算现已成为发达国家，是拉丁美洲第一个发达国家。——译者按

② 哈罗德·麦克米兰是保守党政治家，从 1957 年开始出任英国首相。他在任内见证了大英帝国余晖的迅速褪色，非洲的殖民地也奏响了独立的前奏曲。而导致他下台的直接原因却是其内阁成员的性丑闻。时任战争大臣的普罗富莫与一名歌舞演员发生了婚外情，两人的关系几个星期后便宣告结束，但普罗富莫却向下院撒谎，否认这段绯闻，加上后来有消息披露那名女演员同时与一位苏联驻伦敦大使馆的高级海军武官有染，这使得普罗富莫更是有口难辩，最终于 1963 年 6 月辞职。这一事件给麦克米兰政府的威信造成了沉重的打击，身患前列腺癌的麦克米兰首相的病情也急剧恶化，他于 1963 年 10 月 18 日辞去了首相一职。——译者按

时是 12 月，马萨诸塞州冰天雪地，我很希望早点享受到莱福德海礁俱乐部的阳光，当时总统随行队伍正在那里。

离了新闻办公室官方安排，旅行显得有些复杂。我的意思是我必须在莱福德海礁俱乐部全程保持隐形，不能让人知道我在那儿。这其实做起来很简单，我只要一个人在豪华别墅里放松就好了，晚上总统官方职务履行完毕后戴夫·波瓦斯会来接我去他租借的宅邸。大多数白宫的人都会待在俱乐部房间里，所以从我住所到总统那里往返也不会为人察觉。

但当时间到了周五，该去机场离开了，戴夫却犯了非典型性技术错误。我应该是坐戴夫的车去机场，我们可以先开到总统下榻处和随行队伍会合，然后再跟着车队去机场。但他还是想让我保持隐形，他叫我提前上车坐在前座上，还要我蹲在车里，确保没人看到我，他却忘记了我有五英尺九英寸高。我竭尽全力缩在汽车仪表盘下面，但当车离开总统别墅前去接总统时，我还是曝光了。

根据肯尼迪图书馆里芭芭拉·贾玛勒凯恩的口述，萨莉·贝戴尔·史密斯（Sally Bedell-Smith）在《恩惠与权力》一书中是这样描述当时的场景的：

"周五下午，当肯尼迪总统将要离开拿骚①时，米米·比尔兹利简直是一下子冒了出来。随行车队在别墅前面停下等待总统，"

---

① 拿骚（Nassau），巴哈马首都，位于新普罗维登斯岛北岸，距美国的迈阿密城只有 290 千米。拿骚在 17 世纪 30 年代是英国人的一个居民点，1660 年发展成为较大的城镇，当时称"查尔斯敦"。1690 年以英国亲王拿骚的名字命名。1729 年正式建立城市，沿用"拿骚"名至今。——译者按

芭芭拉·贾玛勒凯恩回忆道，"皮埃尔·萨林格和他的助手克里斯蒂娜·坎普看到了在车前座上坐着个孩子，克里斯蒂娜对皮埃尔说：'那会是谁？'然后他们走过去往车里望，米米就坐在地板上！她坐在汽车地板上，以为这样谁都看不到她了，显然她之前就在（拿骚），已经待了几天了。他们看了一眼，然后就走回去离开了，什么也没说。"

这就是事实：上面这段文字里每句话都是事实，毋庸置疑。我就在那里，可以作证。但我当时毫不知情，我正在炎炎烈日之下，躲在仪表盘下面。我听不到窗外的谈话声，也感觉不到有人正伸长脖子想从我头顶往下看上一眼，我只是乖乖照戴夫·波瓦斯说的去做：我蹲在了下面，然后，就像我一直做的——等。

一开始，我很不理解戴夫为什么要把我藏起来，如果我彻头彻尾是个秘密的话，总统要从拿骚去棕榈滩，为什么我的名字还会出现在去佛罗里达的一架备机乘客名单上，和戴夫·波瓦斯，肯尼·奥堂内尔还有美国驻苏联大使卢埃林·汤姆森在一起呢？为什么飞回国的时候我反倒获准在光天化日之下坐在飞机尾部了呢？

我关注这一细节是因为这揭示了记忆对我们玩的一些小把戏。

人们无论记住什么都是有目的性的，他们如何重述之也是如此。芭芭拉·贾玛勒凯恩说出这故事是因为她觉得这是个"哈！我抓住你了！"的时刻，似乎她和别人离获得"枪口冒烟"（指证据确凿无疑——译者注）式证据以证明总统和我有些什么已经非常非常近了。

对我而言，这展现了我们是怎么漂染记忆的，但不会全然清洗记忆。这强迫我们为了自保，变成选择性记忆的人。我要是没在贝戴尔·史密斯的书里读到这段和我有关的记录，我不认为我能以这种方式回想起"蹲在车中事件"，就像是那周我旅行喜剧般的最亮点。因为我平时周末一般都和同学一起待在新英格兰①室内，我或许会回忆起三个整天都在加勒比阳光之下奢侈而颓废地虚度时光。或许我也会回忆起总统是多么放松，和他连着过三晚对我又是怎样不同寻常。我或许会回忆起当我回家过圣诞时，家人是如何赞叹我天然晒出的棕色皮肤。但对像鸭子一样蹲在车里的那一刻，我故意让它从记忆中消散，这其实也是人之常情，大多数人在面对过往岁月中所受羞辱时都会这么做。唯有我读到了，它才重新回到我的记忆之中。

我现在想起当天我被羞辱了两次，第一次是被迫躲在车里，第二次则是新闻办公室里的人知道我之后在我背后戳戳点点，背着我议论、嘲笑我。

我不清楚哪次对我伤害更深，但我很清楚我把这个秘密保守了很久。我不仅仅是对我身边的每个人隐瞒，也在对我自己隐瞒其中一部分。

---

① 位于美国大陆东北角、濒临大西洋、毗邻加拿大的区域，现在包括美国的 6 个州，由北至南分别为：缅因州、新罕布什尔州、佛蒙特州、罗得岛州、康涅狄格州和马萨诸塞州（麻省）。华人常称之为"纽英伦"。——译者按

# 第十章


"猜猜我认识谁了？"1963 年冬天我对总统说，当时我像是撒娇一样，但还是略有些骄傲的，因以前当他问起我的社交生活时，我很少能说些什么，他又老喜欢问。但这次不一样："我去威廉姆斯学院①联谊了。"

"威廉姆斯，"他叫了出来，"你怎么做到的？"

"不是谁都能去哈佛大学②的③，总统先生。"

我身在惠顿，总统给我打来了电话。这次对话里，他不断逼着我说细节，但仅仅是一次联谊而已，我很快就词穷了，我能说

---

① 威廉姆斯学院（Williams College），1793 年建立，位于美国马萨诸塞州威廉斯敦。威廉姆斯大学为文理学院，曾一直被评为最佳文理学院的前三名，学术声望排名连年位于全美文理学院第一。——译者按

② 哈佛大学（Harvard University）1636 年由马萨诸塞州殖民地立法机关立案成立，是一所位于美国马萨诸塞州波士顿剑桥城的私立大学，同时是常春藤盟校成员之一。该机构在 1639 年 3 月 13 日以一名毕业于英格兰剑桥大学的牧师约翰·哈佛之名，命名为哈佛学院，1780 年哈佛学院更名为哈佛大学。哈佛大学是一所在世界上享有一流声誉、财富和影响力的学校，被誉为美国政府的思想库，其商学院案例教学也盛名远播。在世界各报刊以及研究机构的排行榜中，哈佛大学经常排世界第一。——译者按

③ 肯尼迪总统毕业于哈佛大学，故作者这样说来挤对他。——译者按

的不过是"这次联谊'棒极了'。"

总统继续假装他很惊讶。"啊，米米，"他说，"你看来是要离开我了，是吗？"

"当然不会。"我让他放心。的确如此，之前我还没想过要把自己从总统身边拽走，但这一次，总统问得正是时候。

这个年轻男生就是汤尼·法恩斯托克，威廉姆斯学院的大四学生。后来这人才告诉我他邀请我去他们学院的冬季狂欢不过是个不要脸的花招。他不是对我感兴趣，我有两位同班同学，温迪·泰勒和克克·戴特，都是金发碧眼的女郎，他是为了见到她们。

我之前见过汤尼一次，但只是远远的，当时是1959年，我还只有16岁，夏天在当妈咪助手。我和雇主一家在新泽西州的明亮海岸俱乐部，他和一群十八九岁的男生女生坐在绿白相间的沙滩伞下，而我则在忙着尽到自己小小的职责，在婴儿游泳池里看护婴儿，防止其溺水。当你还在青葱岁月的时候，两岁就是很大的差距了。我记得我看到他们四处闲逛，肆意大笑，很是羡慕他们那么老练、那么酷。我想，我是不是有一天也能和他们一样呢？所以当他往惠顿给我打电话时我很是惊讶，简直就是出乎意料，我从没想过我会和他这样的人有什么牵连。

当他在马萨诸塞州皮茨菲尔德市①车站接我的时候，我最早注意到的就是他新月状的棕色眼睛，这双眸子看着我，看上去有

---

① 美国马萨诸塞州中西部的工业城市。在斯普林菲尔德西北93千米处。人口5.2万（1980年）。1761年建为城镇。美国独立战争时期作为农业和贸易中心而迅速发展。1890年建市。工业以电子和电气器材、造纸和造纸机械为主。有著名的伯克厦博物馆。因是波士顿交响乐团的避暑地，以每年夏季的伯克厦音乐节闻名于世。也是游览地，皮茨菲尔德森林很有名。——译者按

些没睡醒，但很可爱。他比我高两英寸，要知道我这样高度的女生，找到个比我高的男生这可不容易，这让我松了口气。他并没有很自以为是、过分自信、大声夸赞自己，这个男生很安静、严肃，我一下子就喜欢上了这一点。

汤尼那个周末大多数时间都忙着参加国务院①的考试，他在考虑要不要加入中情局。我们约会主要就是周六晚上的舞会，那时我不得不试着慢慢把他哄到舞池中央。打舞曲一开始我们就相互令对方颇感惊讶，汤尼当时很快就把我那两位美女同学抛到了脑后，只关注我一个人了。周日他坚持要开车载我一路把我送回惠顿，我立刻知道有什么特殊的事正在发生。周末那种路况下，这要将近三小时，他本可以把我扔到皮茨菲尔德市车站就行了。

我对肯尼迪总统说"我认识谁了"的时候，我对汤尼全部的了解真的只有这些了。至于我是不是急着想好好找个男朋友，或者说我觉得汤尼就是"真命天子"，我还真说不好。我只能说，我确实觉得，纸上谈兵的话，他跟我是绝配，门当户对。反之亦然。我们家境都不错，也都是一个圈子里的人。汤尼上的布鲁克斯学校也是很好的寄宿学校，前途不可估量。而我，从小时候开始，家里就在培养我成为这样一个人的妻子了。

接下来数周里，我到威廉姆斯找了汤尼两次，然后他开始到惠顿来找我了。有个对我如此痴心一片的男友，这种感觉真是前

---

① 美国国务院是直属美国政府管理的外事机构。主管美国在全世界的大使和领事网以及涉外官员的工作，协助总统同外国签订条约和协定，安排总统接见外国使节，就承认新国家或新政府向总统提供意见，掌管美国国印等。国务院的行政首长是国务卿，由总统任命（经参议院同意）并对总统负责，是仅次于正、副总统的高级行政官员。——译者按

所未有。这让人头晕目眩、不能自拔，也令我很伤脑筋，因为这和我一直以来与总统间这种关系发生了冲突。虽然汤尼和我"还没定下来"，还不能算是关系稳定，但毫无疑问，在我脑海里他就是我男朋友，还是很中意的那种。我知道，我总得在什么时候对这段跟总统的关系作个决断，但我还没准备好。

冬冰化去，春意复来，我开始每周末都和汤尼见面，或在威廉姆斯，或在惠顿。我们那时还没有什么亲密关系，他从来没在性方面给过我压力。

尽管他这般绅士行为很吸引我，但这还是让我觉得很是个谜。我相信他肯定对我的身体感兴趣，而我早已从肯尼迪总统那里食髓知味。这就让我很想念能比在车里、寝室里搂着脖子亲吻更进一步的那些事。但在汤尼这儿，要是我主动，可能会产生问题，毕竟像我这样的女生在那时候不会这么做。我可能不得不解释为什么我不是第一次了，而这样的对话我才不想要呢。

要是周末我不和汤尼在一块儿，我就和总统在一块儿。汤尼很好奇，或者说怀疑，我在华盛顿的另一种生活到底是什么样的。他为什么会这样怀疑呢？我们开始约会的时候，我已经在白宫度过了一整个夏天了。我也告诉了他，就算我在学院里，新闻办公室也一直会要我去。事实上他不仅相信了这个谎言，印象还很深刻。有一次，我告诉他可能会回白宫做第二次实习，他很为此骄傲，还把我介绍给了在威廉姆斯最受人敬重的教授——弗雷德里克·鲁道夫。鲁道夫教授是著名历史学家，他正要搬到华盛顿去过一年休假①。汤尼想让他知道我也会在那

———————
① 美国大学教授的休假年，起源于古代犹太人的安息日，一般七年一次。——译者按

里，还在白宫工作。

直到那时，我从没做过两面派。我记得我在这之前只撒过一次谎，是对我母亲撒的，那次是因为她想让我在一次旅行中穿一条很不怎么样的裙子，我跟她说我会带上这条裙子的，但我偷偷把它留在自己房间里了。她后来看到了这条裙子，谎言就被拆穿了。在那之前，我认为自己一切以道德为中心，能够明辨是非。我猜大多数人都这么觉得，毕竟我们是有尊严的人类。但我把诚实当成自己人格中最重要的部分，我的核心价值。我不是圣人，但要是有人让我说说身上有什么优点的话，我会说我待人友善，我希望别人喜欢我，也很想让别人喜欢我，还有就是，我总是说真话。不要故意说谎去伤害别人，这对我很重要。

现在我的确是开始投入了——和我第一个真正意义上的男朋友——但这段关系却是个弥天大谎，而且还在越吹越大。你要保守秘密，就不得不撒谎。有时候人不是故意要撒谎，只是情非得已，但谎言还是谎言。

我发现我和总统的秘密生活，第一次，可能会对我之外的人产生什么后果。我遇到汤尼之前，这个秘密不过是我自己的问题，对我交际圈里任何人都不会有影响，如果我守口如瓶直到老死，那没有人会因此受伤。但我和汤尼都开始越来越认真对待对方，那么信任就很重要了。

很快我就开始对汤尼牵肠挂肚了。像个小女生做着白日梦，这种感觉任何少女刚开始一段美好感情的时候都会有，甜蜜中带着痛苦，"他爱我，他不爱我"，辗转反侧。我甚至开始在本子边上试着写写"安东尼·E·法恩斯托克夫人"或是"米米·法恩斯托克"①,开始想象我和他要是能有未来会是什么样子。和总统，就算我对他依恋再深，也是没有未来的。这就是事实，要是有别的想法，那就是不切实际了。

我没法说出到底什么时候，或在什么地方，我意识到汤尼·法恩斯托克就是我爱的那个男人。我一直觉得很疑惑，但很有可能我曾经很清楚知道这一点，只不过是现在忘了。但也有可能，在对我自己的真实身份三缄其口的同时，我也关上了自己的心门，让自己爱无能，无法体会坠入爱河的兴奋。这不过是我的秘密给我带来的恶果之一，我不希望任何其他人为我背负。

然而，和总统在一起，享受着他所有的注意力，这就像是在服食一种强力的自尊迷药。这实在难以戒除。尽管有种种羞辱、提心吊胆，但想起他的魅力，还有和他随行队伍一起出行时的愉悦，我就不能自拔。在宿舍房间里的大学生活、在食堂里吃饭、联谊派对，或是做家庭作业、去电影院，等等，这些和空军一号、加勒比度假村、特勤局还有豪华轿车相比，都不值一提。

一言以蔽之，我同时过着两种生活，乐不思蜀，两种我都很享受。

1963年3月中旬，我陪着总统去了佛罗里达南部。他即将去哥斯达黎加会晤中美洲各国领导人，在这之前趁周末去棕榈滩的家族产业放松一下。我显然不太适合待在他家里，所以戴夫·波瓦斯给我在南方公路边上一家汽车旅馆里定了间房间，在西棕榈滩，我早上就在房间里等着，下午总统会派车来接我，我们就在

---

① 汤尼全名为"安东尼·E·法恩斯托克"，西方女子结婚后从夫姓，法恩斯托克是汤尼的姓氏，如两人结婚后米米就会改名为"米米·法恩斯托克"。——译者按

泳池里放松几小时。晚上总统和戴夫会搭乘家族游艇甜蜜菲兹号出海兜风，我就回酒店去。第二天照旧。

总统出发去哥斯达黎加之后，我在飞回纽约之前还在酒店里多待了两天。这两天真是太舒服了，我很享受，但最后却有点乐极生悲了。我有天晒日光浴晒得太久了，结果严重晒伤。我浑身发热，人很想吐，这让我很慌张。我不知所措，就给戴夫·波瓦斯打电话求助，他人已经在哥斯达黎加了。他从那里打了个电话给前台，要知道前台离我房间30码都不到，让前台照顾一下我，我把自己整个浸在水里，洗冷水澡。要是我没被晒伤的话，这真是冬日里离开学院忙里偷闲的绝佳享受。但我胸部还是传来阵阵疼痛，这让我一次根本睡不满一小时。接下来数年里，只要我去晒日光浴，那块地方还是会隐隐作痛，提醒我那次的痛苦经历。

现在看来，要从旅馆房间往返肯尼迪豪宅，旅途劳顿，这两个地方反差太大了，我竟然没有抱怨。前者，大多数时间我都在里面看着电视，而在后者派对好像从来不会停止。我想我应该会觉得有种被羞辱的感觉，就像是二等公民，一定要躲开别人的视线，躲在什么地方一样。不过老实说，我当时没有这么觉得。我只记得能在那里我很开心，我的"总统中毒症"竟如此之深。

就算我对汤尼的好感越发加深，我的"总统中毒症"也没有好转。如果说我同时喜欢两个男人让自己也有点困惑的话，我装得也不错。那年春天，我计划着要在惠顿大二结束之后退学，然后在新闻办公室完成第二个夏日实习，然后全职留在华盛顿，我确信肯定会有很刺激的工作等着我。1964年总统就要竞选连任了，我想我能在竞选里做些什么。菲德三年前就这么做过，她从大学退学，参与了肯尼迪的第一次总统竞选，她显然干得不错。

这一次我父母没有想要说服我完成学业，当时女生只上两年制的大专一点也不稀奇，也有四年制学生毕业前就退学嫁人或者工作的，汤尼也支持我的想法。

白宫生活太让我着迷了，我不想就此结束。

要是我那时候就知道，我之后会在皮埃尔·萨林格新闻办公室的女性中掀起怎样的不快情绪，我也许就不会那么热衷于回去了。我在听肯尼迪图书馆的口述历史时，听到克里斯蒂娜·坎普和芭芭拉·贾玛勒凯恩关于我的那几段，实在是让人沮丧。"米米没什么技能，她不会打字，"芭芭拉回忆说，"她能接接电话，处理一下邮件和一些杂务，但她对我们来说无关痛痒。"

克里斯蒂娜·坎普也一样，一点也不留情，她说我是"总统宠儿"，但"任何和她有接触的人都没法立刻察觉出她何德何能竟在新闻办公室谋到一份差事，她的确竭尽所能了，但她不是打字员的料儿，她没学过速记，做书记或速记也没经验，换句话说，她占着的位置本可以留着给别的更合适、技能更娴熟的人"。

据我所知，克里斯蒂娜对我并没有什么个人成见，至少她管我叫"很讨人喜欢的女孩"。但显然，从职业方面来说，她不太喜欢我。能跟着总统座机出访是新闻办公室里一种至高荣誉，在她看来，我什么都没做就得到了这殊荣。克里斯蒂娜从总统还是参议员的时候就开始努力工作了，多年来才换来今天的职位，所以她对我那么轻易就在空军一号上得到一个位置觉得很不舒服，这也有道理。在她的口述中，她说她不止一次要求皮埃尔"把她赶下新闻报道团座机"，"把她赶下空军一号，别让她进入总统车队"。

芭芭拉·贾玛勒凯恩显然也不喜欢我，她对我那么容易就跳

110

过总统随行名单的常规轮换得到万众瞩目的机会觉得很恼火。"米米显然不能担当任何责任，但就是什么旅行都去。"她说。

芭芭拉其实错了，我并没有"什么旅行都去"，我也不能为我的出现道歉。事实上我最大的遗憾是错过了总统 1963 年 6 月去欧洲的访问。那次他在柏林墙前作出了标志性的"我是一个柏林人"[①]的演讲，然后继续去了爱尔兰、英格兰，然后是意大利，像是凯旋游行一样。她在口述里坚持说，我被丢下之后"表现得像个被宠坏的孩子"，说什么我还流着眼泪给总统打电话，当时他人在爱尔兰，我向他抱怨，撒娇说留守白宫的新闻办公室负责人海伦·盖纳斯不肯让我那个周五休假。据说总统接完电话之后"暴跳如雷"，还告诉戴夫·波瓦斯"要是我在华盛顿，海伦·盖纳斯会立马被炒鱿鱼"。

我从没打过这个电话，其实是海伦·盖纳斯本人给总统打了电话，那时候正好有些事要处理。而我就在他背后假装抽泣，好像我没能去旅行很伤心一样，其实就是开个玩笑。总统的反应也没有"暴跳如雷"。他只是想知道为什么我没能同行，是不是有什么特别原因所以我不能去？海伦很有外交技巧，她说她不知道，总统看起来也接受了这答案，谁都没有被开除，我那天也没能被准假。

我要在此重述这段傻事，是因为芭芭拉那个故事已经成了公共记录的一部分，也不知怎么的就被最近出版的总统传记收录了。但这不是事实，我可能的确是很天真、有时候还有点蠢的少女，

---

① 《柏林墙下的演说》为美国总统约翰·F·肯尼迪 1963 年 6 月 25 日在柏林墙位于勃兰登堡门的关口前（西柏林）作出的演讲。他说："一切自由人，不论他们住在何方，皆是柏林市民，所以作为一个自由人，我为 'Ich bin ein Berliner'（我是一个柏林人）这句话感到自豪。"——译者按

但我绝不会用这么一点私人小事去骚扰总统。

但芭芭拉觉得不爽也是可以理解的。我第二年夏天再去白宫实习时，总统明确告诉皮埃尔要让我顶替芭芭拉管理椭圆形办公室的照片事务，皮埃尔照办了。芭芭拉不可能会觉得高兴。进入椭圆形办公室的权力可是白宫西翼的圣杯①，我这个"办公室里的小丫头"竟然从她手里抢走了这权力。

但归根结底，我不会，也不能为他们对我的严苛意见抱怨什么，不管是克里斯蒂娜还是芭芭拉。自从第一次陪总统去加州之后，我就知道自己的角色已经从皮埃尔新闻办公室一员变成了总统的私人随员。我不再需要承担新闻办公室的职责，我存在只为了肯尼迪总统，而不是芭芭拉、克里斯蒂娜或是别的什么人。

6月上旬，赶在南下华盛顿开始夏季生活之前，我和汤尼的父母一起去威廉姆斯学院参加了他的毕业典礼。这样我就正式发出了信号，表示我对这段感情"很认真"。不久之后，汤尼就去了新泽西的迪克丝要塞开始了军队预备役训练，我则安排好了，要去和玛丽·斯图亚特和温迪·泰勒，两位佛明顿好友，一起住在华盛顿乔治城R街上的公寓里，这公寓整整占了大楼一层楼面。玛丽家里有关系，在和平队总部②谋得了一份差事，而我帮助温

---

① 传说中耶稣在最后晚餐中用的圣杯、圣盘，转义为最珍贵的事物。——译者按

② 和平队（The Peace Corps），1961年3月由美国总统肯尼迪下令成立，任务是前往发展中国家执行美国的"援助计划"，是美国政府应对苏联挑战的重要举措之一。肯尼迪建立和平队的初衷就是要利用美国在经济、技术和文化上的整体优势，同苏联争夺广大的中间地带，并通过和平队向新兴的发展中国家输出美国文化及价值观念，将第三世界国家的发展纳入美国为首的西方阵营所期待的轨道。显然，和平队在美国对外关系中发挥了一定的作用，美国政府对和平队的投资产生了预期的效果，基本上实现了成立和平队的目的。——译者按

迪在白宫礼品部门找了份工作。我为这事问了总统，他总是很热心帮助佛明顿毕业的女孩。

由于我负责了椭圆形办公室的照片事务，那个夏天只要总统在白宫，我基本每天都能见到他。但我没有像一年前那样经常在官邸过夜，那年肯尼迪夫人8月底就要迎来一个小生命，总统很多时候都在海亚尼斯港陪着她和孩子们。我也开始涉足一些社交活动，我、玛丽、温迪经常在一起，我们甚至一起在白宫游泳池游泳，她们也遇见了总统。我们穿着借来的泳衣优哉游哉的时候，总统穿着他日常的夹克和领带进来了，很快他就换好了泳衣，和玛丽、温迪漂在一块儿，问着她们的夏日工作、是不是喜欢华盛顿、她们从哪儿来，等等。我其实应该提前告诉她们总统可能会来的，但我决定给她们一个惊喜。她们脸上现出的讶异和混乱让我觉得很值。但总统后来让人送了一盒半加工的动物皮毛下来，这让我也吃了一惊。他计划圣诞节送给肯尼迪夫人一张皮毛毯子，他解释说他想问问同为佛明顿毕业生的我们仨觉得哪种皮毛最柔软。

那个夏天少数几件没和他一起做的事情让我后悔万分。我计划去参加林肯纪念堂①前的大规模民权运动②示威，我本可以亲

---

① 林肯纪念堂（Lincoln Memorial）是为纪念美国总统林肯而设立的纪念堂，位于华盛顿特区国家广场（National Mall）西侧，阿灵顿纪念大桥（Arlington Memorial Bridge）引道前，与国会和华盛顿纪念碑成一直线。林肯纪念堂由美国国家园林局（National Park Service）管理，常年免费对外开放。——译者按

② 美国民权运动指的是第二次世界大战后美国黑人反对种族隔离与歧视、争取民主权利的群众运动。——译者按

耳听见马丁·路德·金①博士发表那篇振聋发聩的《我有一个梦想》②演说，但我跟总统说了我的计划，他说可能会有暴力活动，我就打消了这个念头。

8月7日，周三，肯尼迪夫人开始分娩，并提前五周半生下了个早产男婴，命名为帕特里克·布维尔·肯尼迪。这孩子有呼吸混乱综合征，这在早产低重儿中并不罕见。虽然最好的医生都赶来照顾他，他还是只存活了一天半。

那时我还年轻，还没怎么见识过什么是真正的伤痛，直到那天我见到总统回到白宫。夫人还要在医院修养几天。他请我上楼，夏日晚风温柔宜人，我们坐在阳台上，他椅子边上有厚厚一沓哀悼信，他一封封捡起来，大声读给我听。有些是朋友寄来的，有些是陌生人，但都很感人，令人心碎。有时候，他脸上会淌下眼泪，他也会在有些信件上写点什么，可能是回复的备注。大多数时候他只是读，静静流泪，我也一样。

8月下旬汤尼给我打来电话，他求我去看他，他现在身处敏德要塞，没有周末假期，但却想我想到不能自拔的地步。我说我

① 马丁·路德·金（1929—1968），著名的美国民权运动领袖。1948年大学毕业。1948年到1951年间，在美国东海岸的费城继续深造。1963年，马丁·路德·金晋见了肯尼迪总统，要求通过新的民权法，给黑人以平等的权利。1963年8月28日在林肯纪念堂前发表《我有一个梦想》的演说。1964年度诺贝尔和平奖获得者。1968年4月，马丁·路德·金前往孟菲斯市领导工人罢工被人刺杀，年仅39岁。1986年起美国政府将每年1月的第三个星期一定为马丁路德金全国纪念日。——译者按

② 《我有一个梦想》（I have a dream）是马丁·路德·金于1963年8月28日在华盛顿林肯纪念堂发表的著名演讲，内容主要是关于黑人民族平等，对美国甚至世界影响巨大，亦被我国编入中学教程。——译者按

很快就会回新泽西庆祝我母亲的生日，但他还是坚持，汤尼当时在的那个要塞在马里兰州，离华盛顿只有一个小时的车程。这是唯一一次我为了自己向总统请求行个方便。汤尼的基本训练就快结束了，他被告知接下来六个月他要到路易斯安那州①的保克要塞服役，这就意味着我们根本见不到对方，所以我请肯尼迪总统做些什么。当时只有我们俩在椭圆形办公室里，我流着泪向他解释着一切。那时我突然明白了，我爱上汤尼了，我想要他离华盛顿——离我——近一点。一开始总统拿我开玩笑，说他很乐意把情敌挪得远远的，但看到我那么不安，看到我流泪之后，他很快就变了腔调。他说他会和军队军事助手，切斯特·克利夫顿少将谈谈，几天后，汤尼就被改了分配，留到敏德要塞了。

现在汤尼更坚持要我这周末去看他了。他说："我要告诉你点事情。"

他那么坚持，我就有点担心了。他是不是发现了我的秘密，他是不是要和我分手？我找了些借口，告诉我母亲我这周末要在白宫加班，没回家，而是搭巴士去了敏德要塞。汤尼要我带点便当去，这让我轻松了不少。我们在操练场一角坐下，坐在他的军队制式毛毯上面，这毯子很粗糙，有点刺痛，我一勺勺吃着鸡肉沙拉，等着听他的心里话。

他开门见山。

"我想和你结婚，"他说，"愿意嫁给我吗？"

我没想到竟然是求婚，我只花了一秒钟就做了决定。"愿意！"

---

① 路易斯安那州（Louisiana）是美国中南部的一个州。北连阿肯色州，西界德克萨斯州，东邻密西西比州，南临墨西哥湾。面积 125 675 平方千米，在 50 州内列第 31 位。——译者按

我说。唔,我跳到他身上——真的是双脚着地蹦起来的那种"跳",用尽力气吻他。

人们答应求婚的原因很多,爱当然是第一原因,我也是如此。但安全感和安定感也是很重要的。那年五月我刚满二十岁,和很多同龄人一样,我觉得自己面对着许多未知事物。这个夏天过去之后我要去哪里工作?和总统的关系要怎么结束?玛丽和温迪回学院之后我住哪里?什么时候我能再遇到汤尼这样"抓住"我心的人呢?

嫁给汤尼我想要的是安全感,也可能是想抓住这根稻草,逃出我这疯狂的双面人生活。但我也是在做我这个社会阶层、这个年龄的女孩从小被教育去做的事。那时候,你要是去上了像波特夫人学校那样的寄宿学校,然后又去了惠顿这样的学院,那你就会不可避免地在周末被邀请去威廉姆斯或是布朗或是阿默斯特这样的学院联谊,然后你在那儿可能会遇到个年轻绅士,他肯定是在布鲁克斯、格罗顿或是安多华①学校长大的。剩下的就取决于你了。我嫁给汤尼,某种意义上,也是在完成宿命。

这就是为什么我父母听到我订婚的消息之后,一点也不惊讶,反而很高兴,一秒钟也没担心我是不是太年轻了。要知道我母亲二十一岁就结婚了。很有意思的是,倒是我的朋友们,玛丽、温迪和克克被我订婚的消息完全搞懵了。我可以从她们脸上看出惊愕,但显然当时她们都很礼貌,什么也没说,很长时间以后她们才和我分享了真正的想法:"那人是谁?""你才认识他8个月?你就要结婚了?"

---

① 均是寄宿制男生学校。——译者按

116

汤尼送了我一枚很奢华的订婚戒指。两颗椭圆蓝宝石曾经镶嵌在他祖父的袖扣上，而钻石则曾在他祖父领带别针上熠熠生辉。订婚消息刊载在 1963 年 9 月 8 号的《纽约时报》上，消息里按要求写进了学校和家庭的信息，也点出了我在白宫新闻办公室工作。

要是我订婚让总统觉得不太舒服的话，他也没说出来。他送给我两支饰针作订婚礼物，黄金钻石的，形状就像是一轮灿烂的旭日。我把它们藏了起来，从没给汤尼或者朋友们看过。不过后来这年秋天，我把它们拿出来，搭配在一件黄色无肩裙子上给总统看，那裙子是打折的时候我在乔治城买的。那是唯一一次。

总统也送了我一张他的照片，是他代表性的那种彩色照片，在游艇"马尼托"①上掌舵。要知道在白宫里，要是有人想要一张他的照片，菲德就会仿造他的签名，而且还像着了魔一样相像，但这次，是他当着我的面亲自签的名。

"赠米米，"他写道，"致以最亲切的关怀及深深的赞赏。"他微笑着递给了我照片。"只有我们知道这真正的意思。"他说。

玛丽和温迪 9 月回学校去了，我又在 R 街公寓里留了两个月，给我在新闻办公室的工作收尾，也试着结束我和总统的关系。但我当时没有意识到，我不用这么做。他用他特有的小聪明，用一种令人愉悦的方式，自己结束了这段关系。

那年秋天，总统又让我跟他一起去了两次旅行。那是 9 月下旬一次横穿中西部、西部各州的盛大旅行，然后是对新英格兰地区的快速访问，他会在缅因大学接受荣誉学位。就在第二次旅行即将起程的时候，我有一次搭乘空军一号备机从华盛顿飞赴波士

---

① 印第安语中意为"神灵"。——译者按

顿和他会合。那个周六晚上他在那里主持一场民主党筹款大会。总统发表演说之前，我把温迪请到了希尔顿广场酒店总统套房里，和我在一起。

这是总统典型的一日行程，包括在剑桥出席一场哈佛—哥伦比亚大学之间的足球赛、到布鲁克赖恩公墓他儿子的墓地凭吊。大概六点半我到的时候，总统正在沙发上放松。他穿得很整齐，筹款会要求宾客穿半正式服装，而他穿的无尾晚礼服样式很典雅，还有缀着点子的翻领。泰德·肯尼迪，当时才当参议员刚满两年，也在房间里，正拿总统晚礼服上不那么常见的丝巾式领子打趣。

在我记忆中，那晚最生动的一刻是在温迪抵达之前，总统在另一个男人面前又一次想炫耀他对我的掌控。我能在他眼睛里看到那种恶作剧一样的眼神，他要是想挑战谁去做些从来想都不敢想的事，他就会流露出这种眼神。

我开始紧张起来，暗暗做着准备。

"米米，为什么你不照顾一下我亲爱的小弟弟呢？"他在泰德面前对我说，"一点点小放松他还是受得了的。"好吧，泳池里的戴夫·波瓦斯那一幕又来了。

这次我觉得有点愤怒了。开天辟地头一回，我忤逆了他的意思，我说："你肯定在开玩笑吧，当然不行了，总统先生。"他立刻就按下不提了。

许多年来，我都觉得这个回答是我人生的转折点。从我订婚开始，我就在挣扎，想着要如何结束我们之间的关系，我终于痛下决心，说出了个不字。这感觉不错，我一直都觉得，这就是我们关系开始走下坡路的起点。

尽管是事后诸葛亮，但我后来发现我们的关系其实早在波士顿之前就开始走下坡路了，而且还是肯尼迪总统在引领着一切。我后来逼着自己统计了一下我们在一起的时间和日子，我发现我们之间性伴侣的关系随着那年夏天结束就告落幕了。9月去西部的那五天旅程中，我晚上没和他一起过，而10月我在波士顿的时候，是在宾馆自己床上睡的。

很简单就能说明我为什么忽略了这一点。一方面，整个夏天我几乎每天都能见到总统，我自然而然把"我是他生活的一部分"当成是理所应当。这样能证明，我多么珍视在他身边，而不是和他在一起，甚至我都没注意到他在性这方面不再需要我了。总统在改变我们的关系，而我却浑然不觉。

8月上旬他儿子去世，还有我三周后和汤尼订婚，都是关键性事件。前一件事给他带来的不仅仅是伤痛，肯定也激发了他对家庭和妻子更强烈的责任感。就算是他这样不负责任的唐璜①式花花公子，肯定也会觉得在家庭如此需要他的关键时刻，继续这样玩女人实在不合时宜。至于我和汤尼的订婚，这肯定会让总统觉得，和一名已经正式属于另一个男人的女人睡觉会有负罪感。不管因为什么，很显然他受到了什么束缚，抑制了他肆无忌惮的性欲——至少是和我。

那年夏天剩下的日子里，我每天还是会在椭圆形办公室里见到总统，也会这样那样地在他私人圈子里进进出出。我还是和他一起游泳，我们互相都觉得对方什么都没变，他对我的关怀也是这样。我意识到，就算他已经决定渐渐停止我们之间的性关系，

———————————

① 唐璜（Don Juan）是西班牙家喻户晓的一名传说人物，以英俊潇洒及风流著称，一生中周旋于无数贵族妇女之间，在文学作品中多被用作"情圣"的代名词。——译者按

我们之间还是照常接触，没有变化。我觉得很开心，也有点安慰，这说明我不只是他的一个玩物，他很喜欢我陪在他身边。要是他能活得久一些，我可能会成为他生命中的一部分，成为在他总统任期结束后也为他工作的人，他能把我当作朋友，渺小但有意义的朋友。

也许我只是在拍自己马屁。

我最后一次见到肯尼迪总统是在纽约城的查利宾馆<sup>①</sup>。

我婚礼安排在了1月上旬，10月下旬我就回新泽西尽我的义务去了：决定宾客名单、寄送邀请函、准备嫁妆、预订礼物，还要挑选伴娘服装。

婚礼前我还计划陪总统最后旅行一次。我有些犹豫，想着要怎么向父母解释，我毕竟有那么多婚礼的事情要做，有什么理由要出去几天呢？

"告诉他们新闻办公室需要你，"戴夫帮我出主意，但我并不需要了，他几天后又打电话来说计划有变，我不用去那趟旅行了，取而代之的是，他问我能不能在11月15日到纽约去，总统那时候会在城里对劳工联合会—产业工会联合会<sup>②</sup>大会在亚美利家纳酒店发表演说。"他会到查利宾馆去，"戴夫说，"他真的很想见你。"

---

① 位于纽约中心，是商务便利型宾馆，步行即可前往惠特尼美国艺术博物馆和大都会美术馆。——译者按。

② 美国劳工联合会—产业工会联合会（American Federation of Labor and Congress of Industrial Organizations，AFL-CIO）是美国最大的工会组织，现有56个国内国际成员组织，会员人数1 150万。该组织成立于1955年，由当时独立的两个工会组织——美国劳工联合会和产业工会联合会联合而成。——译者按

120

于是我给那天安排了些婚礼相关、要去纽约的事，大约在下午一点顺便去了查利宾馆。肯尼迪家族在该酒店最上面两层拥有宽敞的复式高档豪华公寓。阳光倾泻进来，曼哈顿美景一览无余，真是奢华到极致。这真是解救了我，因为我又一次在宾馆里玩起了"等待游戏"。我等不及要走的时候，他到了，说他给我准备了结婚礼物。他伸进口袋里，递给了我三百美元。

"去给自己买点喜欢的吧，"他说，"然后回来给我看看。"

当时三百美元是笔大钱，我拿着这笔钱走在麦迪逊大街[①]上，觉得很是虚弱无力。我走到第六十大街然后向东转弯，走向了布鲁明戴尔百货店[②]，我让售货员给我指出最贵的衣服在哪儿，然后上了三楼。尽管我很喜欢买衣服，但我从没有像这样，简直是拿着空白支票[③]一样来购物。我从来没为任何东西付过多于五十美元的钱，但我觉得我有责任要把总统礼物的每一分都花掉。我最终挑中一件有黑色天鹅绒领子的亮灰色羊毛套装，还有一条长度到我膝盖的紧身窄裙。我得承认，这笔生意不怎么划算。

我穿着这身回去见他的时候，总统似乎有些失望，我想他想

①　美国广告业中心。——译者按

②　布鲁明戴尔百货店（Bloomingdale's）是美国著名的百货商店品牌，又叫Bloomie's。成立于1861年，是美国梅西百货（Macy's Inc.）旗下的连锁商店，在美国有36家分店。旗舰店位于曼哈顿列克星敦大街（Lexington Ave）和59街的交会路口，这里是纽约客和观光客血拼的必经之地，也是电影人钟爱的取景地。美剧《老友记》中的女主角瑞秋就曾经在布鲁明戴尔百货店（Bloomingdale's）工作。——译者按

③　没有填写收款单位名称，没有付款日期，没有付款金额，而已经加盖了印鉴的支票，有时也包括未经签章的支票。简而言之，就是那种谁拣到了都可以在上边无限制填写使用金额的支票。——译者按

要我买的是更好一点的东西，而不是一套合身羊毛套装，这简直就是保守的代名词。

他张开双臂，紧紧抱住我，过了好久才放开，说："我多希望你能和我一起去得克萨斯。"然后又补充说："我回来之后会打给你的。"

这话让我一下子觉得很伤心。"请记住，总统先生，我要结婚了。"我说。

"我知道，"他耸了耸肩，"但我还是会打给你的。"

然后我向他道了别，跳上一辆出租车，搭火车回新泽西去了。

因为我的婚姻，我们的关系已经在转向新的轨道了，我曾希望总统能开始接受这一点。我此前甚至决定要在得克萨斯告诉他，这趟就是和他一起最后的旅程了。不过话说回来，被从随行名单中除去，我还是有点失望的，但我明白为什么——肯尼迪夫人决定要和她丈夫一起去达拉斯。

# 第十一章

11月20日，周三，汤尼二十三岁生日。他开着他那辆蓝色大众甲壳虫①从敏德堡到我父母家来看我。那天晚上我们切了生日蛋糕，然后第二天一整天都在敲定婚礼上我们家的客人名单。周五，我们开车去了曼哈顿，去取一些衣服。我们计划接下来要去康涅狄格州南港市他父母家过夜，顺便也敲定他家的宾客名单，好发请柬。

车开出曼哈顿，就在往康涅狄格赶的路上，我们在约克大道和第六十一街交叉口一座加油站停下来加油，边上正好是罗斯福路的入口。我下车上了个洗手间，回来就看到汤尼人坐在驾驶位子上，脖子却朝着车载收音机伸着，他身体扭的角度很古怪，看上去就像他要把播音员说的每个字都吃下去一样。他把头转向了我，眼睛瞪得那么圆，表情简直令人毛骨悚然，我从没见过他这样。

"肯尼迪总统被枪击了。"

我们在车里全神贯注听着广播，一个字都不放过。当时还没

① 甲壳虫系列是德国大众最成功的车型之一，全球几代人都把大众汽车的甲壳虫选为了他们一生中的第一部汽车。从第一辆甲壳虫问世到现在，已六十多载岁月，它的诞生、发展、壮大的过程中更是充满了传奇色彩。——译者按

有什么可报道的，总统还活着，他被紧急送往达拉斯帕克兰纪念医院，情况怎样还不清楚，同时也有别人遇难。更令人揪心的是，合众社报道称，总统受的伤"足以致命"。我明白广播说的"合众社"，具化而言其实就是梅里曼·史密斯，他名声很响，我经常在新闻办公室里见到这位白宫通讯员 *。

* 后来他于 1964 年因报道肯尼迪遇刺案获得普利策新闻奖。（作者注）

听着他的声音，我想到了皮埃尔和菲德。他们在哪里？戴夫还好吗？克里斯蒂娜·坎普在哪里？（后来我得知她当时在达拉斯，在空军一号上替总统打一份晚上要在奥斯汀发表的演说。）在那种时候，要想知道雇员们情况如何，比想弄清楚总统身上到底发生了什么要简单得多。

我透过挡风玻璃能看到街上人们的反应，他们也刚得到消息。人们都走得很慢，好像集体恍惚甚至昏迷了一般，很多人拿手掩着嘴巴，拼命压抑着呜咽哭泣。

我觉得车子就像个陷阱，我努力挣扎着想要跳出去，但我能去哪儿呢？我转过头去对汤尼说话，他还在死盯着收音机转钮。"我们该走了。"我想动起来，分散一点注意力或许会好些。

汤尼沿着罗斯福路往北，朝着康涅狄格州方向开。我们一路无言，一片死寂，只有收音机不断传出声音。一共有三枪，得克萨斯州州长约翰·康纳利和总统在一辆车上，他也受伤了。警方在搜捕穿着白汗衫和李维斯①牛仔裤的白人男子，就是他用来复枪从附近得克萨斯州教科书仓库大楼上开的枪。

后来下午两点，传出另一份公报，这回是官方消息，总统去世了。

我一开始不肯相信，这消息太突然了，仅仅是片刻之前，公报还说他活着，在去医院的路上。播音员还在说话，听着听着，我确信了这是真的，听声音就能知道。播音员听上去已经不是悲伤了，而是绝望。

"肯尼迪总统去世时你在哪里？"这个问题日后变得就像"吃了吗？"一样。而我的答案就是：和未婚夫在车里，脑子里一片空白，大脑完全停止工作，这种感觉前所未有。

总统的形象在我脑海中潮水般涌来。最后一次见他只不过是七天前，就在查利宾馆。他抱了我，还说他从得克萨斯回来之后要给我打电话的。我看了看汤尼，只觉得他是个陌路人，这些思绪、这些记忆我永远不可能和他分享。我永远也不会把我和总统之间的事告诉汤尼，哪怕是一分一毫，他从没见过他，这点上我和这人没有任何共同回忆，没法一起哀悼总统，甚至没有往事可供闲聊。我一下子备感孤单，这个男人我就要以身相许，但我们之间却隔着一堵高墙。

---

① Levi's（李维斯）是来自美国西部最闻名的名字之一。1853年犹太青年商人 Levi Strauss（李维·施特劳斯）为处理积压的帆布，试着做了一批低腰、直筒、臀围紧小的裤子，卖给旧金山的淘金工人。由于这种裤子比棉布裤更结实耐磨而大受欢迎。于是，李维索性开了一家专门生产帆布工装裤的公司，并以自己的名字"Levi's"作为品牌。——译者按

窗外，世界在迅速后退，康涅狄格州南港市越来越近。汤尼带着同情握住了我的手，我明白他想安慰我，但我几乎感受不到。我打开车窗，想呼吸下11月清冽的空气。这时候收音机里更多消息向我们涌来，总统是头部中枪。

大约四点我们靠边停了下来，我如同行尸走肉般走进房子，见到了我未来的公公婆婆。法恩斯托克一家是共和党死忠分子，他们把贬低总统当成是一种运动，而且只要一喝酒，话就说得越来越难听。鸡尾酒会早就开始了，但即便对他们，总统之死似乎也有点振聋发聩的作用。法恩斯托克先生拥抱了我很长时间，这很不寻常，他还说了点总统的好话，似乎是意识到了我认识总统，可能会比大多数人更伤心。

"今天我们稍微开始得早了一些。"他说。

他递给我一杯帝王威士忌[①]。

"这才是你需要的。"他说。

旁边电视机开着，但似乎老夫妇俩对深入报道不感兴趣，汤尼母亲坚持要我们坐在起居室里聊天，从那里看出去可以看到南港湾，港湾很平静，好像什么都没有发生一样。这太古怪了。外面正在发生一代人生命中最重大的事件，电视上竟然没有调到新闻频道，我这两位未来的公公婆婆竟然全然无视。他们更愿意聊些婚礼上细碎的事，我人是坐在那里，但法恩斯托克夫人说了什么，我一个字都没听见。

---

① 帝王威士忌，该品牌由约翰·德华（John Dewar）于1846年在苏格兰伯斯成立。此后，帝王威士忌品牌在老约翰的两个极富天赋的儿子——小约翰·德华（John Dewar Junior）以及汤米·德华（Tommy Dewar）的手中得以继承并发扬，逐渐成长为苏格兰威士忌中的佼佼者。目前，它是百加得公司著名品牌之一。——译者按

那晚我坐立难安，百感交集，我想站起来去看电视，我想知道一切。起初我大脑一片空白，但现在已经转成了无尽的失落感，不仅仅为我自己，也为白宫里的所有人，特别是戴夫·波瓦斯。没了总统他做什么去呢？

后来我们从起居室转移到餐厅去享用周五传统的烤鸡，那时我几乎无法忍受了，我觉得我在桌子上就会泪如雨下。我同样也想到了我父母，但长途电话很贵，所以我打消了和他们说说话的念头。毕竟，明天我就能见到他们了。

大约九点半，这一家子终于上床睡觉了，戴着他们奇特的睡帽。汤尼和我一起去看电视，他在沙发上躺了下来，而我则直直坐在电视前面的地板上。每个台都在放新闻，黑白画面不断播放着总统和肯尼迪夫人抵达达拉斯的镜头。车队正在离开机场，夫人收到了一束玫瑰。

还好并没有枪击当时的画面（当然不会那么"即时"播放，会迟一些），像沃尔特·克朗凯特①这些主持人只能拿着肯尼迪夫妇在车里微笑或是大笑的照片做报道，然后画面切换，总统捂住了喉咙，那是第二颗子弹击穿了他，也伤到了康纳利州长。最后一次射击没照片，但却掀飞了总统的脑袋。那天照片中最令人印象深刻的就是林登·约翰逊在空军一号上宣誓接任总统，而肯尼

---

① 沃尔特·克朗凯特（Walter Cronkite, 1916—2009），在密苏里出生，在得克萨斯长大，在合众通讯社（即后来的合众国际社）接受了职业记者训练。到 CBS 从业之前，他曾在一些小报社和广播电台谋职；但合众社是他的精神家园，并且在他以后的生涯中留下了巨大影响。在合众社，他学会了准确报道、精练写作，并且快速发展，后担任美国哥伦比亚广播公司（CBS）《晚间新闻》节目主持人，被称为"美国最值得信任的人"。——译者按

迪夫人则站在他边上，身上的衣服沾满血迹。塞西尔·斯托顿拍了这张著名照片，也正是这位白宫摄影师，两个月前以私人身份为我拍了订婚照。

我没法平静，但我也没有失去控制，即使我们看到直播里空军一号载着肯尼迪总统遗体从得州返回，降落在安德鲁斯空军基地的伤感画面时也一样。我听到法恩斯托克先生下楼倒酒，"就一点儿。"他看着我们这边说。

汤尼和我，还有整个国家都在看，慢慢的，充满悲伤，感觉一切不像是真的，只有当我看到灵柩从飞机上慢慢滑下，我才终于接受事实，相信肯尼迪总统真的去世了。我看到戴夫·波瓦斯手放在棺材上，走在前面，就像是在护卫总统一样，然后别的助手一起登上守在一旁的海军救护车，这一幕让我全然崩溃。

我记得我站了起来，站到汤尼和电视之间，我在哭泣，目光在电视屏幕和汤尼之间不断来回扫视，已故总统和未婚夫的脸在我眼前交替出现。

我再也控制不住眼泪了，还开始抽噎，汤尼觉得很担心，就他所知，我不过是在新闻办公室待了两个夏天而已，所以我显然反应太极端了。

"你还好吗？"他问道。

我摇了摇头。

"你怎么了？"他又问。

我没法回答，眼神在汤尼和电视之间游移，就好像我在看网球比赛，跟踪网球一样，我全然乱了阵脚。我想汤尼肯定看穿了我，能理解我为什么在哭，我想他肯定最后会发现为什么他后来会在敏德要塞而不是路易斯安那，他也会知道为什么总统会亲自过问他一个普通人。我也能肯定他在把这份垂青和我跟总统的关系挂上钩。看着他在沙发上放松，而肯尼迪的脸在电视上出现，我的负罪感达到了顶峰，不可抑制地爆发了。每一秒这种负罪感都在加深，我确信他不仅仅看出来了，还完全知道是怎么一回事，我确信他肯定在怀疑了。

他什么都知道，我想，我一定要坦白，对他诚实，我当时脑子一片混乱，思维也不清晰，其实我也不确定，但我一点都没想到接下来的事会有什么后果。

"我有些事要告诉你。"我说。

"什么？"

"总统。"

"什么？"他打断了我。

"比你想的还要……"

"你说什么？"

"我不是你想的那么纯洁，"

"什么？"

"我退学有个理由……"

"什么？"

"让我说完吧……"

我停下不再哭泣，试着收拾思绪。

"你到底想说什么？你和肯尼迪总统睡过？"

我不知道他是怎么想到的，但我点了点头，很庆幸不用自己大声说出来了。

"什么时候开始的？"他问道。

"去年。"

"你遇到我之后还有过？"

我点了点头。

"我们订婚之后呢？"

我又点了点头。

"多少次？"

"我不知道，很多。"

寂静。一片寂静，我想汤尼意识到他越问，就越是在给自己找罪受，他会更痛苦。所以这时候自我保护的本能占了上风，他安静了下来，从我身上移开了视线，盯着电视看。

我背对着他，过了一会儿转过身，重新坐到地板上，离他的脚不远，背靠在沙发上。

我希望他能把手放到我肩膀上，或做些什么安慰我，或是告诉我他原谅我。

当然这只是奢望了，将心比心，如果换作是我，我知道我也不会那么宽容。我双眼无神，余光瞥着跳跃不停的电视屏幕，等着一个永远都不会降临的安慰姿势。

我终于和别人分享了自己的秘密，但情绪却没有像预料中那样得到抒发，没有一点解脱感。我只是把一个问题扔掉，换了另一个，后果可能还更严重。我伤害了汤尼。

几分钟后，他站了起来，关掉了电视，说："我睡了。"

他关掉了电视，这意味着我也应该一起上楼了，但我就是没法从沙发上挪开身体。我想一个人待着，好好想想清楚。我试着搞清我到底做了什么，这对汤尼又意味着什么。我很害怕他会抛弃我，第二天早上会宣布解除我们的婚约。我再一次回想我们之间的每一个细节，很后悔为什么要那么实诚，又为什么对他那么狠心，那么突然地对他宣布这个消息。我意识到保守秘密会更好，让自己冷静一段时间，盘算一下，做个计划，选个更周到的方式和更合适的时间点——当这事不再那么劲爆的时候（如果有那么个时间点的话）。但总统的死，还有我跟汤尼之间越来越强的疏离感，还有我的情绪，我都无能为力，我握紧了手，我根本无法隐瞒事实，我除了告诉汤尼所有事情之外，别无选择。

接下去会发生什么我一点概念都没有，如果第二天早上汤尼说了些什么，坦白讲，要是他说他永远不想再见到我，我也不会怪他的。

我们在他家是分房睡的，就像在新泽西我父母家一样。当时只要还没结婚都这样，即使订婚了也是。我关上门，躺在床上，但睡意全无，心脏不停地怦怦跳。我不再想着肯尼迪总统，他去世带来的无边伤痛也不再纠缠着我，我只是在担心接下来的十二小时里会发生什么。

我在客房，汤尼在他自己的小卧室，之间有浴室相连。突然，我听到浴室房门打开了，然后看到他站在过道里，一言不发，就这么脱掉衣服，爬上我的床，还是一句话都没说，就开始了我们第一次的性接触。我那么希望能留住他，根本没有抵抗。他很用力，也很笨拙，我根本不知道该怎么表现，不知道该怎么告诉他，伤害了他我自己也很痛苦，也不知道该怎么表达我的爱，不知道该怎么让他好受些。之后他就离开了卧室，像来时一样突然，我只是躺在那里，盯着天花板。我意识到他是在安慰我，就像总统数月前做的那样，这只是性，而不是爱。

第二天早晨一切显得都很诡异。仅仅是二十四小时，我之前熟悉的汤尼一去不复返，我们之间有些生分，气氛小心翼翼，让人神经脆弱。早餐桌上我们还有他父母闲聊了些婚礼安排的小细节，还有天气。让我很诧异的是，我们根本没有提到总统遇刺的事情。

汤尼和我早饭后就离开了，他会在新泽西把我放下，然后继续开回敏德要塞。整个旅途都笼罩在石化般的寂静中，公路一点一点从眼前退去，他一眼都没看过我。

当我们从花园州立路下来，离我家只有几英里的时候，他突然在公用电话亭边上靠边停了下来，这是离开南港之后他第一次跟我讲话："告诉我白宫的号码。"

我条件反射一样报出了电话，202-8-1414，我不知道他为什么要这号码，也不知道他要干什么。他自言自语嘟囔着号码，从车上下去，打了个电话，他回来之后，宣称他已经给新闻办公室打了电话，告诉他们白宫任何一个人都不准再找我。

我意识到他肯定在撒谎。总统遇刺，白宫电话台肯定一团混乱，就算他能打进去，我也不知道新闻办公室里有谁会接，或者说他们是否会认真处理一个愤怒的陌生人打来的电话，还是关于小小的米米·比尔兹利的电话。新闻办公室在处理一位总统的死讯，当天还是一位新总统就任后的第一天，他们肯定忙得一塌糊涂，有一大摊子事情要做。但我那时候受伤实在是太深了，我相信了他。

但这伤害却是永久性的。

我们一起坐在路边，汤尼又说出了对我的另一条惩罚。他给我们的婚约加上了条件："你永远，永远都不能对任何人说起你昨晚对我说的事，无论你父母、兄弟姐妹，还是朋友，谁都不行，任何人，永远。"

我整个早晨都强忍着眼泪，但这时候，我的负罪感、汤尼的怒火、还因为害怕我们的婚约就此毁于一旦，捎带着还有我未来的生活，这一切的一切加在一块，我忍不住抽泣了起来。

"你听到了吗？"

我根本无力张口，盯着前方虚空，点头表示同意。

"好。"

他继续开车上路，我觉得一阵轻松。我把他说的理解成：要是我听他的话，婚约就会继续下去，不会有丑闻，不会有不快，我也不用流着泪向家人解释为什么婚约会取消。

汤尼在掌控一切，说实话，我很开心。他没有放任计划告吹，而他眼下的计划就是结婚。很长一段时间里，我都觉得他要我保持沉默是在保护我，但我最后意识到，他只是在保护他自己和他的自尊。我的坦白让他很尴尬。他肯定很恨总统在他之前就占有了我，他肯定觉得我遇到他之后还和总统见面很耻辱，他肯定觉得他永远也比不过如此有魅力、如此有权力的人。可能他甚至觉得我在骗他，所以他的反应也可以理解，他受伤了。

但我也很伤，我认识的、崇拜的、也爱着的（虽然是以我自以为是的方式）总统去世了，我没有谁能倾诉，也没有人能分担我的悲伤。现在竟然有人要求我把他从生命中完全抹去，就好像他从没存在过。我的秘密会给汤尼带来什么心理阴影，我昨晚已经略有见识，而不管怎么样，我已经有一年半保守秘密，谁都没告诉，而当我第一次试着和别人分享，换来的除了愤怒、指责、

133

性暴力与羞辱之外，别无他物。

我怎么会那么轻易就答应了他？

很多年来我都把当时汤尼提出的要求，当成是和戴夫·波瓦斯的第二次邀请那样，是最后通牒，当作是我生命中的指导原则。但直到最近，直到我写这本书的时候我才意识到，不是那回事。因为我没有任何选择，我只有两条路：要么保守秘密，要么取消婚约。无论当时还是现在看起来，我都不像有什么选择余地。

那要是我从没告诉汤尼呢？我不确定这可能与否，毕竟当时我方寸大乱。但要是我能控制好没告诉他，我很清楚接下去婚姻中的每个重要时刻，从婚礼当天，到度蜜月，再到生第一个孩子的时候，都会有这么个羞耻的秘密不断啃噬着我的内心。根本不可能不告诉他。

我们或许能更坦诚、更开诚布公地谈谈这件事，汤尼和我本能有机会的，最好的机会就是那天在路边的时候。这显然才是成人处理事情的方式。我本可以好好想想他的要求，然后说："我们不能把这事掩盖起来就算了，我们需要帮助，我们要好好谈谈。"但我们太年轻了，我二十岁，汤尼二十三，我们感情上都没办法处理这事，谁都没想到，把事情埋起来并不意味着这事就此烟消云散。

我能想象汤尼觉得多么崩溃、多么受伤。他被背叛了，处理这事最好的办法就是完全抹去这事情。但我这边，我觉得彻底不安全，非常虚弱。我最害怕的就是我会在结婚的时候，在简简单单的仪式上崩溃。如果不提及总统，我怎么向家人朋友解释为什么婚约取消了，又怎么解释为什么我们突然就变心了？

于是汤尼递给我了一根救命稻草：我只要不再提及肯尼迪总统就行了，我把这当成一辈子的圣旨奉行。这不是原谅，但却能让我们继续前行，这就是我为什么决定保持沉默。如果选择忘记总统的一切，能把汤尼留在我生命中，能不让我尴尬，我会接受的。

接下来四天在我父母家，铺天盖地都在报道总统之死，每个电视台都是，无缝衔接。

我父亲和我妹妹一直黏在书房里不肯离开，我则竭尽全力避开他们，帮我母亲在厨房里准备饭菜。每个人都在电视机前吃饭，除了我之外。但这样还是无法避免瞥到一些什么。我看到大量人群经过国会山圆顶，还有国旗覆盖着灵柩，李·哈维·奥斯瓦尔德在达拉斯发来的最新消息，华盛顿圣马可大教堂的葬礼，总统兄弟鲍比和泰德走在灵车后面，小约翰向他父亲灵柩敬礼，肯尼迪夫人一脸悲痛，半像是要哭出来，半像是斯多葛派<sup>①</sup>式的喜悦，在阿灵顿国家公墓二十一响礼炮向总统致敬，空军一号最后一次飞过，向他告别。但我控制住了，尽管心碎不已，但没有爆发出来，

---

① 斯多葛哲学学派（或称斯多亚学派）因在雅典集会广场的廊苑（英文 stoic 来自希腊文 stoa，原指门廊，后专指斯多葛学派）聚众讲学而得名。斯多葛学派强调，所有的自然现象，如生病与死亡，都只是遵守大自然不变的法则罢了，因此人必须学习接受自己的命运。没有任何事物是偶然发生的，每一件事物发生都有其必要性，因此当命运来敲你家大门时，抱怨也没有用。他们认为，我们也不能为生活中一些欢乐的事物所动。在这方面，他们的观点与犬儒学派相似，因为后者也宣称所有外在事物都不重要。到了今天，我们仍用"斯多葛式的冷静"（stoic calm）来形容那些不会感情用事的人。——译者按

我一点也没哭，一滴泪都没流，一次也没有。

可能我父母对我这样冷静、这样与众不同觉得很困惑，不过他们也从没说什么。他们没有问我为什么没赶去华盛顿。就我自己来说，我肯定很想去那里，和白宫朋友一起哀悼总统，但汤尼的指示在那里，我必须、不得不、一定要照此行事。

而汤尼，他在服役，还在军队里，这就意味着我们婚礼之前大块大块的时间要分隔两地。但即使是我们在一起的时候，我们关系的基调也已经不一样了。我很想否认这一点，但还是不得不承认。之前我们在一起很轻松、很愉快，就好像全世界都了无忧愁，但现在我觉得很沉重，有着毛骨悚然的感觉，就好像他老是在盯着我，检查我所作所为，等着抓住我的不轨行为一样。我为他找借口，说这是很正常的愤怒反应，也希望这能随着时间退去，等我们婚礼、度蜜月的时候他能恢复以前的愉快性格。

1964年1月4日，我们结婚了，就在新泽西米德城的圣公会教堂。结婚照上我们显得很年轻，无忧无虑，一对小夫妻微笑着，互相喂着结婚蛋糕。我请了七位姐妹陪我，包括我姐姐巴菲做首席女傧相，还有玛丽·斯图亚特，克克·戴特及温迪·泰勒都是我的伴娘。我穿着我母亲的结婚礼服，就像《纽约时报》上结婚启事写的那样，"象牙色缎子，改良帝国款式，戴的是新郎外婆祖传下来的粉色斑点面纱"。我捧着一束蝴蝶兰，伴娘拿着粉色玫瑰，穿着长长拖地的暗色长礼服，上面有森林绿天鹅绒，头发上挽着颜色更深点的蝴蝶结。所有男傧相都列在单子上，我们在寄宿学校和大学的同学也都出席了。我们祖父母名字也被点了出来，甚至还组织了一场元媛舞会①，我在舞会上被"隆重介绍出场"。

报纸告示里所有细节都是我自己提供的，所以只有我自己知道，所有细节里，关于新娘的那些有一条被故意省去了。几个月前，订婚公告里写了我 1962 年及 1963 年曾在白宫新闻办公室工作，并引以为傲，但此次结婚启事提都没提。就好像我生命中这事从未发生过一样。

---

① 元媛舞会（Debutante Ball）在西方社会颇受注重。国际性的元媛舞会更是皇孙贵族、国家元首、社交名人和国际明星的女儿们亮相之好平台。唯有出身名门品貌兼优的女孩子才会受邀。传统的西方（以英国为主）元媛是一个首次被隆重介绍踏入社交季节的刚成年女孩。她必须是一个出身于贵族或上层社会门第的小姐。如今，元媛首次晋身社交的礼节已多元化。故世界各地都有举行"元媛舞会"（Debutante Ball）或"元媛亮相聚会"（Coming Out Party）。——译者按

# 第十二章

就这样，我成了米米·法恩斯托克。

不仅仅我跟了汤尼的姓，我也跟着他的生活雄心，搬到了纽约城。服完兵役后，他接受了一份摩根投资担保有限公司的工作，这也意味着我要跟他一起住到曼哈顿东七十八街一间狭小的公寓里。这里空间之小，以至于我要是把冰箱门开着，就不能开厨房的烤箱门。这也意味着给他做饭、支持他工作，然后自己找一份工作，省下钱来，买一套更大的公寓，或者在郊区买一幢房子。这也意味着和他一起建设一个家庭——并非遥不可及的梦想。

我们没有经常讨论这些目标，我们背景相似，刚刚适应了我们要继续经历的日常生活。这个男人经常把他自己描述成"快乐家庭建设者"，而尽管我才二十岁，我满怀热情、毫无疑问地拥抱了他的雄心壮志。当时是1964年，我和大多数其他美国年轻女性没什么区别，那种把文胸脱下来烧掉的抗议示威还要四五年才会上演。我结婚了，新生活就在眼前，一览无余。

我们的婚姻延续了二十六年，可以分割成两等份，截然不同，差异大得甚至令人毛骨悚然。前面十三年很愉快，后面一半则截然相反。最后，汤尼和我于1990年离婚了。

婚姻失败的理由俯拾皆是，也不会一次全部清晰浮现。在一对小夫妻构建生活的过程中，在追求职业成就的过程中，在把孩子带到这世上、抚育他们长大的过程中，随着生活起起伏伏，他们会定义，然后推翻定义，再重新定义什么是爱、什么是被爱。随着这个过程，失败的因素也会逐渐积累。某种意义上，这世上有数百万对小夫妻，谁一开始都根本没想过结了婚还要分开，最后随着岁月流逝，心却不断背离，最终在自己的家里成了近乎仇人的陌生人。我们不过是其中普普通通的一对。

多年来，任何人要是指责我婚姻失败就是因为我和肯尼迪的艳史，我都拒绝接受。我知道在 1963 年 11 月那个黑暗的日子，在开始一段婚姻的时候就把这段关系向汤尼坦白，并不是最可取或最合适的，但我从不觉得这件事打一开始就注定了我们的婚约会以失败告终。无论如何，我们还是和睦相处了十三年，养育了两个漂亮姑娘，最后还有了六名孙辈。他们对我弥足珍贵，我无法想象失去他们生命会变成什么样子。所以我们的婚姻，一言以蔽之：这给我带来我生命中多数值得珍视的东西。

尽管离婚已经多年，我现在也一个人独居在曼哈顿，我却开始重新思考吐露秘密对我们婚姻的影响。我想，尽管我们共度了多年快乐时光，我们背后始终有阴影潜伏。我开始接受这样的看法，认为我和肯尼迪的关系，还有汤尼要求我永远埋葬这秘密，这两件事就像是我们自己埋入婚姻体内的病原体，逐渐而缓慢地宣告了婚姻的死亡。那天之后汤尼就无法完全信任我，而且理由也很充足，他受伤那么深，伤口无法愈合。从始至终，他都背着这个包袱。这已经成了我们一起生活时感情基础的一部分，我能察觉到，那种愤怒与嫉妒，从未彻底消失过。

我觉得我们双方都有责任。如果我们能开诚布公谈谈，如果我们没有把这事当成我的羞耻面具、汤尼的耻辱的话，那么随着时间流逝，这事埋下的毒素可能会渐渐被新陈代谢掉。

明智、成熟的做法，要是那时候我能更明智、更成熟些的话，应该是直面汤尼。我应该挑战他，要求他做出选择。"你想怎么做？"我本可以说，"余生都在愤怒中度过吗？"

我应该试着让他认识到这一点。在当时极端混乱、极端悲伤的背景下，我在他父母房子里向他坦白之后就应该这么做，这不仅仅是诚实起见，也能表示我们都相信我们的爱情。我应该提醒他时间能治愈大多数创伤，就算是婚姻中最不堪的时刻，不管是令人尴尬不已的家庭访问、度假简直就是噩梦、忘记了谁的生日，或者其他期望最终破灭，时间都能让我们后来回想起来一笑了之，甚至成为我们最深刻、最有意思的回忆。如果我们能把这事放到背后，可能几年后我们就能弥合伤口，甚至对此事开怀大笑：哟，看哪，汤尼老婆很年轻、很年轻的时候跟美国总统有一腿！

要是我为了尊严，可能我会在我们之间划出一条三八线，说："如果你不能原谅我，你就不应该娶我。"

但我从来都没有说出任何一句话。不仅仅如此，我连想都没想。我不够自信，不敢发出这样一份可能带来灾难性后果的最后通牒。我不够成熟，无法预见我的沉默——应该是我们的沉默——可能给我们婚姻生活带来的有毒情绪。

我反而无忧无虑地从我生活里抹去了肯尼迪的任何痕迹，装作这一切不曾发生。不仅仅是从结婚启事上删去白宫实习经历；这还不够，我不能在汤尼和我们朋友周围提及这段实习，也不能提起肯尼迪的名字；这还不够，我努力不去读或看任何关于肯尼迪的东西。*

    \* 这在1964年前后可不容易做到，肯尼迪去世后7天，约翰逊总统建立了沃伦委员会调查刺杀事件。委员会最后于1964年9月提交了长达888页的报告，立刻引起了争议，这甚至延续至今，到处都能看到肯尼迪的名字和照片。（作者注）

    就连我的思想也要控制，如果我任何时刻允许总统在我脑海里冒泡，或者思考我们之间的关系，我也觉得是在欺骗汤尼，罪恶感随时都跟着我，形影不离。

    当汤尼和我结婚时，我把总统给我的三件礼物深深藏了起来：一是订婚时他送的饰针，一是我自己买的灰套装，还有离开华盛顿时他的签名照片。数月后，我的负罪感越来越深，开始觉得这是我的罪证。你会怎么处理罪证呢？

    当然是处理掉了。

    1964年某一天，那天汤尼上班，我那段时间在上秘书学校，我在白宫的时候没什么技巧，我要去接受打字和速记训练，我还没找到工作，所以我白天还有时间。

    我把套装拿去了东上区第二大道边上的一家旧货店①。走进店铺，我一阵心疼，感觉自己就快要失去最豪华的一件衣服了。我一言不发，把衣服递给了坐在柜台后面的女人。

    ① thrift shop，美国指为慈善机构募捐而出售旧货的廉价旧货店。——译者按

"亲爱的，怎么了？"我记得她看了眼衣服就问我，"这看起来几乎全新啊，穿不下了吗？"

我双眼放空，紧盯着她，还是一言不发。

接下来该是钻石金饰针了，我一开始想把他们扔进公寓外面走廊上的小门里就是了，那里通向垃圾焚化炉。但我打开小门的时候一下子感觉到，我不能让自己就这么把它们当成垃圾处理了。它们实在太漂亮了。我把它们拿去了第二十三街和第二大道交叉口上的一家当铺，流着泪把它们递了进去。我不记得店员开价多少，我一点讨价还价的心情都没有。我把现钞装进包里，一走出店门就把当票撕了个粉碎。这一切完成之后，我一下子轻松了许多，好像被救赎了。我对自己说，我对丈夫尽到了义务。

最后一件就是照片了。我把它从躲藏的地方拿出来，那是在相册里另一张照片后面，一阵温柔突然抚过我心头。我最后看了总统一眼，他站在船上，穿着蓝色马球衫，白色卡其裤，右手扶着船舵，向着阳光微笑。我手指一点点抚过上面的字迹，"赠米米，致以最亲切的关怀及深深的赞赏"。我回忆起当时他调皮、像是阴谋一样的口气。"只有我们知道这真正的意思"。他写完之后看着我说。

我从抽屉里拿出一把剪刀，把照片剪成了碎片。

这张照片让我变得很偏执、低落，甚至有点强迫症了，我一下子就很担心，没来头的，会不会有人把它们再拼回去。毕竟这张照片太亲密了。就算把碎片都扔进垃圾袋里，甚至都扔进焚化炉也不能让我安心，所以我把所有碎片都装在包里，上街在公寓周围兜圈儿，把碎片分别扔进了不同的几个垃圾桶里。要是有人想要跟踪这照片，然后找到我的话，他可就要挖许多垃圾桶，还要用许多透明胶带。

然后我回到公寓，坐在起居室里，等着汤尼回家。我肯定相信，这样做完之后，磨灭了肯尼迪的最后痕迹之后，一切都会开始变得正常。汤尼再也不会突然间就找到什么东西，想起些什么，至少现在不会。他可能问些问题，可能会追溯到我背叛的事。我可能也不用面对他的怒火，我做了对我们俩都好的事，至少我是这么想的。

那晚他回来之后，灌了自己一杯酒，在我脸颊上啄了一口。我问他这天过得怎么样，然后我们就开始闲聊，说说他的工作。我想象中的安全感还是不存在，显然我不能告诉他我今天做了什么，阴云还是悬浮着。

总体而言，这成了我们婚姻里的主要范式。不管有什么要紧事要讨论，或者有什么事在感情上引起了涟漪，需要坦诚相告，我们都会避免。

还是要铭记，当时我们都太年轻了，我们分别是二十岁和二十三岁，都是玩着成年游戏的孩子。生活的原则很简单：汤尼养家糊口，我整理家务。即使我们感情上都戴着假面具，我们也跟随着我们父母定下的模式。我们不会相互沟通自己的感觉。甚至"沟通"这个词，当时也没有出现在我们的词典中。痛苦的感觉就用忽略来应对，目标永远是熬过去，而不是讨论、理解。解决任何困难，都想着不要让它伤害我们，不管是物理还是心理上，别让它和我们扯上关系不就完了？

我知道这样说不过是事后诸葛亮，但我并不是说，所有26岁女孩都会陷在这样的持续性绝望之中。事实上，当个新娘我还是很高兴的，兴致高昂，结婚和被人爱着给我带来了安全感，这让我脸上还留着一丝红晕。我们开始生活时，周围都是寄宿学校或学院生活结交的朋友，他们也在曼哈顿开始了职业旅程。大多数工作日晚上，我们都会在某个酒吧聚会，或临时决定到哪个人公寓里去，这就是二十来岁无拘无束的青春。周末我们会去新泽西看我父母。这段日子很有趣，甚至可能掩盖了汤尼和我在感情方面迈出的错误道路。这也是为什么我只能做个事后诸葛亮，当时，我完全被青春和美好生活的承诺蒙蔽了双眼，我相信什么事都会好起来的。而今天，我懂得更多了。

　　处理肯尼迪礼物几周后，1964年6月，我发现自己怀孕了。这很突然，但对我们也是个好消息。要担心的只有钱，我们需要有间更大的公寓，孩子需要第二间卧室，而仅有的收入就是汤尼的薪水。我刚刚找到了第一份全职工作，是在纽约州共和党委员会（这也能看出我同肯尼迪民主党行政当局做了多深的切割），我很担心新雇主多大程度上能容忍怀孕这事，而我很需要这份工作，计划全心全意工作，直到1965年2月的预产期。我需要这笔钱，然后转而投入到母亲的角色中去。

　　但天不遂人意。

　　怀孕第七个月，我们当时在新泽西我父母家，突然半夜里我就要生了。救护车呼啸着把我送到附近的河景（Riverview）医院，而我们的小小男孩，克里斯托弗·斯诺登·法恩斯托克就在1964年12月6日早晨降临人世，出生在急救间里，早产八周。和一年前帕特里克·布维尔·肯尼迪简直如出一辙，同样是一天后，同样的病，肺部发育不良综合征，夺去了他的生命。尽管我很悲痛，我还是为这种巧合深觉不可思议。我不知道汤尼是不是也有这种感觉，因为我不记得我好好谈起过这孩子，或者这次失去。我不怪汤尼，伤口太新太痛，而又谈些什么呢？我知道别的夫妻失去婴儿或是年幼孩子之后也是不敢提及这茬儿，但对我而言，克里斯托弗这个例子进一步证明了，我们即使在最互相需要的时候，也不能相互安抚。

那时发生的点点滴滴都让我现在悲痛不已。最无法忍受的时间就是在婴儿出生与死亡之间的时间，也就是他在世上挣扎的时候。斯茂博士，帮助我生下克里斯托弗的产科医生，曾告诉我他命不能久，只是一两天的事。因为知道这小生命即将逝去，他认为我该去看看克里斯托弗。他搀着我走过走廊，来到护士间，给我指出我的儿子，他躺在后排摇篮里，前面一排是一些看起来像战士一样的健康婴儿。像是做战士一样。我用尽力气想看一眼他，但他离得实在太远了。这是我生命中最为悲痛的时刻，没有什么"之一"。我都不能看到克里斯托弗或是抱他一下，我也没能说再见。母亲和汤尼为他安排了一场小小的墓地仪式，把他葬在了新泽西米德城法尔维尔公墓我们家族的墓地里，那时我还在医院里休养。我还是去看了看墓地，墓碑小小的，我多么希望能抱一抱他，一次也好。

没有哪个母亲能真正从孩子去世的打击里复原的。我看到接下来几周我拍的照片上，我和那个开心幸福的新娘简直判若两人。不过是一年而已。因为怀孕，我的脸和身体都有点发福。双眼无神，只是两个空洞而已。嘴角向下垂，似乎我已经忘记了如何微笑。尽管很艰难，我还是试着把自己拼凑成一整块儿。悲伤逐渐好转，我终于可以再一次正视生活。我们有了一间两个房间的新公寓，汤尼把第二间卧室改造成了办公室，他工作干得不错，不久我们就要搬去麻省剑桥了，他已经决定要去哈佛商学院读MBA[①]。

这会是个新起点，我已经等了很久了。

汤尼优点很多，在剑桥它们都逐渐浮出水面了。他学业一直不错、雄心勃勃、聪明过人、认真负责，工作上也不怕吃苦受累，也很有控制欲，他最开心的时候就是制定行动方向，并将之付诸实践。他如饥似渴地开展案例研究，很热爱接受挑战。这显然决定了他会角逐全国最好的商学院。在哈佛，汤尼就像在天堂一样。

他不仅在工作场合还有商学院喜欢控制，喜欢发号施令，在家里也玩得得心应手。我还记得那时候回新泽西看我父母，大约是结婚后三年。当时他们刚把农场卖了，还有我兄弟姐妹和我从小在那里长大的房子。他们正在为钱和搬去哪儿挣扎，毕竟不管怎么说他们都不富有，况且他们也快要退休了。

一个下午，我们正在一家餐厅里吃午饭，我父亲说着说着就说起这些事情了，他显得很沮丧，说时局太艰难，他都要养

---

① 工商管理硕士（Master of Business Administration，简称MBA）是商业界普遍认可的晋身管理阶层的一块踏脚石，起源于美国。一般认为，美国最早的管理学院是1881年在美国宾夕法尼亚大学（University of Pennsylvania or UPenn）设立的，而工商管理硕士培训计划（MBA program）要晚些，大约于1908年诞生于哈佛大学，到现在已经有近100年的历史。目前全世界每年有数以万计的MBA毕业于世界各大学商学院，成为出类拔萃的工商管理人才，领导着世界各国企业在世界商场中逐鹿。——译者按

不起我们家的宠物狗诺特索了，那是一条黑色拉布拉多犬①。他说他们再给它找个家，这次谈话氛围太压抑了，我开始哭了起来，这总会让汤尼忧心忡忡。他很尊敬我父亲，管他叫"比先生"，从来不叫他名字"兰迪"，但当时他把礼貌放到了一边，扛起了大梁。

"比先生，你得振作起来，"他说，"你不用把诺特索送走，你要的是个计划，然后就是坚持按计划去做。"

他才二十六岁，但却像是位父亲。他询问着我父母关于他们的财产和开支，然后向他们证明他们肯定能养活一条狗，其他他们之前说负担不起的事情也都能行。汤尼这副激动的样子我之前曾见过，那就是在1963年11月22日晚上②，这一直让我不寒而栗，这也是我为什么更喜欢沉默而不是和他对峙。但那天，我发现他令我害怕的一面，也可以化为安慰。

汤尼在哈佛商学院如鱼得水，他开心我就开心。我们签了笔贷款来付他的学费，但我就要负责挣生活费了。通过在纽约共和党的关系，我在麻省总检察长办公室谋得了一份秘书差使。那是位风度翩翩、戴着眼镜的公务员，名字叫艾略特·理查德森，他后来在1973年10月名声大噪，当时他在理查德·尼克松手下担任总检察长，宁可辞职也不愿依命开除水门事件特别检察官阿尔奇巴德·库克斯。这份工作很严肃，但没有什么荣耀感，

---

①　拉布拉多猎犬是一种中大型犬类，天生个性温和、活泼，没有攻击性，智能高，是适合被选作导盲犬或其他工作犬的狗品种，跟黄金猎犬、哈士奇并列三大无攻击性犬类之一。在美国犬业俱乐部中，拉布拉多是目前登记数量最多的品种。——译者按

②　既是肯尼迪总统遇刺的那一天，也是主人公向其丈夫坦白奸情的那晚。——译者按

也不有趣，当然也没有任何节外生枝之事。我从没告诉办公室里任何人我曾在白宫实习了整整两周，我也故意把这从简历上省去了。

我们在格里街上一间大隔板房子里租了一间小公寓，离查理河很近，我们都能往河里扔石头，走去哈佛校园也很近。当时政治大风暴席卷整个哈佛校园，也席卷全国，但汤尼和我都只关注自己的计划，他是学业，我则是努力保证我们付得起账单，"革命"似乎和我们绝缘。我们那么保守，那么古板，仅仅几个街区之外，学生们就留着长发，穿着军装抗议越南战争，而汤尼则穿着白色衬衫，扣子一个不落全扣上，还有水手领卫衣去上学，我则穿上古板工作服和短裙去为一名共和党人①工作，这人还是该州首席法律执行官。我们不抽大麻，只抽香烟，我们不去参加人墙街垒，而是待在公寓里。我会迟些回家，煮一锅大杂烩，或是做汤尼最喜欢的冰山莴苣汉堡配俄罗斯风味酱料。我们没钱外出吃晚饭，也没有太多社交活动。饭后汤尼会在桌前学习，而我则蜷在沙发里看书。当年麦克·安沙拉就住在我们边上的一间公寓里，她是著名政治活动家，创立了哈佛的争取民主社会学生联盟，但我不记得在那两年里我们曾经说上过一句话。

这并不是我们俩的狂野时光，但确实是有种重回浪漫的感觉，汤尼和我同时都在一起，我们在坚守人生计划上取得了一致。汤尼会拿到 MBA 学位，然后我们就回纽约，他会进入金融业，获得一份美差。我们齐心协力，事实上除一件小事外（我很快就会提到）我根本就没想起肯尼迪总统。我现在回想起这

①　美国共和党又称老大党，以保守著称，固有此文。——译者按

段住在哈佛的时光，觉得很不可思议，毕竟这是在哈佛，而当时最著名的校友，毋庸置疑，肯定是约翰·菲茨杰拉德·肯尼迪，到处都是这个名字，肯尼迪公园、肯尼迪政府学院[①]，就连肯尼迪路也离我们房门不到 1 000 码远。要是我想从记忆里摆脱肯尼迪，波士顿地区肯定不是合适的地方，这地方简直就是个肯尼迪主题公园。

小克里斯托弗已经逝去三年了，就算汤尼还在读书，我也不过拿着一份小秘书的薪水，我们还是决定要个孩子，终于这一刻于 1968 年 9 月 22 日降临了，那时汤尼开始第二学年不过几周。我们的女儿莉莎很健康，也很完美，我深深爱上了照顾她的点点滴滴，就连换尿布和深夜喂奶也是。她第一次外出时，我推着她的蓝色小婴儿车去了布拉特大街，把药店主人哄了出来，让他上街"看看我收到了什么"。我真的就是这么说的，就好像她是我有史以来收到的最珍贵的礼物。突然之间，我生活重心就转到她身上了，而我一秒钟都没有犹豫。

而我的秘密，当然，还是深深埋藏在我心底。

然而，1969 年一个清爽的春日午后，我推着婴儿车在散步，在马萨诸塞大道上走过一家美发沙龙，突然看到了橱窗里在给弗朗西斯·福克斯公司产品打广告。给总统定时做头发护

---

① 约翰·F·肯尼迪政府学院（John F. Kennedy School of Government）是一所公共政策学校，也是美国哈佛大学的研究生院之一。学院可授公共政策、公共管理和国际发展等学位，也进行各种与政治和政府有关的研究。肯尼迪政府学院原先是哈佛大学的公共管理研究生院，始建于 1936 年。20 世纪 60 年代，为纪念约翰·F·肯尼迪，哈佛政学院成立，但其主要是培养本科生。1978 年，两学院合并。——译者按

理已经过去六年了，但那种情感还是突然涌上心头。我左顾右盼，看看大街两个方向上有没有人在看我（我知道这很愚蠢），然后把莉莎抱在臂弯里，走进商店看看他们到底卖哪些产品。我没计划买什么，我只是想在肯尼迪总统留给我的温暖记忆中流连，如果可以的话，片刻而已。我拿起瓶子，在手心里翻转，稍作打量就小心翼翼地放回货架上，然后走了出去。我刚才的所作所为让我很有负罪感，所以我把这段记忆小心叠起来，深藏在脑海深处。我不会提起这事的，莉莎才六个月大，她也不会说的。

1969 年 6 月，汤尼收获了 MBA 学位，然后，如愿以偿被高盛集团①录用，获得了一份可观的薪水，工作也是在纽约。一开始我们在康涅狄格州格林威治租了一幢驿车楼②，我们想郊区空间广阔，适合抚养孩子。但在九个月每天上下班通勤之后，汤尼决定要回城里了，我也一样，我怀念城市街道生活的那种活力。一位汤尼的同事推荐了布鲁克林高地，他说东河过去就是，另一

① 高盛集团（Goldman Sachs），一家国际领先的投资银行和证券公司，全球四大投行之一，向全球提供广泛的投资、咨询和金融服务，拥有大量的多行业客户，包括私营公司、金融企业、政府机构以及个人。高盛集团成立于 1869 年，是全世界历史最悠久及规模最大的投资银行之一，总部设在纽约，并在东京、伦敦和香港设有分部，在 23 个国家拥有 41 个办事处。其所有运作都建立于紧密一体的全球基础上，由优秀的专家为客户提供服务。同时拥有丰富的地区市场知识和国际运作能力。——译者按
② 带有类似马车车库的房子。——译者按

边河岸上，就在华尔街正对面。我对布鲁克林区<sup>①</sup>唯一知道的就是我父亲出生在那里。

我们用当地报纸"武装"了自己求租的消息之后，仅仅一个周末，就找到了一套整层的花园公寓，在绿树成荫的希克斯街上。汤尼很高兴那里只要坐地铁一站式<sup>②</sup>就能到他办公室，而我则爱上了这里的社区。我臂弯里抱着漂亮的宝宝，身边站着丈夫，他学富五车，能让全家衣食无忧。生活不错。

---

① 布鲁克林（Brooklyn）区，19世纪初期还是布鲁克林煤气公司老板本森家族拥有的农场，后来分割成一小块一小块卖掉了，建造起一幢幢房子，形成了现在的社区。1898年经居民投票同意，布鲁克林正式划归纽约市，成为纽约五大区之一。它人口众多，约251万人；面积甚广，有251平方千米——都是五大区之最。假如纽约各区是独立城市，那么布鲁克林就是排在洛杉矶、芝加哥之后的第三人口大城市，也可算美国第四大面积的城市。由于这里曾为黑人等少数民族聚居区，加之美国历史上少数民族受教育程度低、就业困难和种族主义的歧视，这里曾是美国犯罪率最高的地区，被一些人视为混乱、肮脏、罪恶的原住地。但随着社会的发展，情况已有极大改观：环境变美了，人口素质也明显提高。布鲁克林和国王郡仍是一地两名。——译者按

② 也可能是一站路，前文述及此地离华尔街很近。——译者按

# 第十三章

从 1963 年 11 月，我第一次把肯尼迪的事告诉汤尼开始，直到 2003 年 5 月《每日新闻》曝光我的秘密为止，期间我只和少数人分享过这段故事。青年时代我试着做个好妻子、好母亲，当然，这并不意味着我很幸福，我把负面情绪都藏在面具之下，装得很平静，这一点我很擅长。对家人、对朋友我显得尽忠职守、精明能干、充满活力、满足快乐，但这些面具需要我竭尽全力去维持，而时间一久，裂缝定然会产生。

1973 年夏天，我把这个秘密告诉了我堂姐若昂·爱丽丝，那时我刚满三十岁，第二个女儿珍妮刚刚在蹒跚学步、牙牙学语。她比她姐姐小三岁，父母对她们视若珍宝，倾尽全力，溺爱到无以复加。在高盛，汤尼事业也一帆风顺，珍妮出生前，我们已经能在布鲁克林高地一处高级社区中负担一套三房居室了，还能在新泽西莱森另租一套房子，供夏季度假之用。

这套房子家装精美，坐落在小山丘顶部，门前有条长石质车道，离城市有一小时车程。唯一缺的就是一台电视，因为 1973

年夏天水门事件①沸沸扬扬，全国瞩目，没有电视实在是个问题。几乎每天、每个台都会临时取消所有计划，转播由南卡罗来纳州参议员山姆·艾尔文主持的参议院听证会。这场前所未有的政治大戏迷住了所有人，我也不能免俗。大多数时候，汤尼去上班之后，我就会和保姆带着两个孩子驱车数英里去我堂姐若昂家，她家的电视机肯定在放听证会。

若昂比我大十二岁，多年前他们夫妇曾在华盛顿特区工作，然后搬到新泽西开了自己的电子公司，抚养三个孩子。她不仅仅是据我所知最有智慧的女人，也是最守口如瓶的。她从不聊八卦。事情到她这里就为止了，她和郊区那种喋喋不休的社交生活泾渭分明。如果说我生活圈子里中有谁能理解这秘密如何严重，那么舍她其谁。

7月第三周的听证会实在精彩绝伦，亚历山大·布特菲尔德刚刚揭露了椭圆形办公室里有精密录音设备，这意味着尼克松总统的每一次谈话都被录下来了。我记得当时保姆把我女儿放下来打个盹儿，若昂和我也从听证会里偷得半刻闲，决定去附近的姗迪胡可州立公园呼吸新鲜空气。我们沿着一片干涸的河滩走着，想着这些磁带会给尼克松总统带来怎样毁灭性的恶果、他又能把

---

① 水门事件（Watergate scandal，或译水门丑闻）是美国历史上最不光彩的政治丑闻之一，其对美国本国历史以及整个国际新闻界都有着长远的影响。在 1972 年的总统大选中，为了取得民主党内部竞选策略的情报，1972 年 6 月 17 日，以美国共和党尼克松竞选班子的首席安全问题顾问詹姆斯·麦科德（James W. McCord, Jr.）为首的 5 人闯入位于华盛顿水门大厦的民主党全国委员会办公室，在安装窃听器并偷拍有关文件时，当场被捕。由于此事，尼克松于 1974 年 8 月 8 日宣布将于次日辞职，从而成为美国历史上首位辞职的总统。——译者按

其中内容掩饰多久。我们一言不发。

突然，若昂感叹道："秘密，总是缠着你不放。"可能这就是导火索，可能因为那个夏天我满足安逸太久了，住在那么漂亮的房子里，女儿可爱，丈夫成功，夫复何求！也可能是我觉得婚姻已经足够稳固，打破对汤尼的承诺也没关系了，只说一次没什么大不了的。也有可能只是因为我们谈及了华盛顿和总统，也有可能是我全然信任若昂，觉得可以告诉她任何事，我一直都这样觉得。总之，我说话了。

"我很明白，我自己就一直藏着个秘密。"

然后就告诉了她。

最不可思议的是，天居然没有塌下来，我也没有被雷霆怒火吞没，甚至我自己也没有再觉得羞耻或罪恶或有违妇道。恰恰相反，我觉得好多了。

若昂真是太棒了，一切都和想象的一样。她和杰奎琳·肯尼迪①一起上的瓦萨学院②，也是"皇家"生活的超级粉丝，但却没有逼着我问东问西。她没有表现得很惊讶或者很激动，她只是静静倾听一切，然后说："好吧，日后这对你孙辈来说会是个好故事。"这个轻松、积极的回答让我们的亲情越发深厚，历久弥坚，直到今天。

若昂和我随后开车回去接我女儿，而我很高兴我告诉了她一

---

① 肯尼迪总统夫人。——译者按
② 瓦萨学院是美国一所著名的男女合校的文科私立学院，位于美国纽约州波基普希市。瓦萨学院起初为女子学院，成立于1861年。后于1969年成为一所男女合校的学院。据报道，瓦萨学院在文科学院中排名第十一位。——译者按

切，但还是不确定之后会不会有勇气再对别人说起。不过我唯一确定的就是，我不会告诉汤尼我违背了诺言。

我再一次和别人分享这秘密已经是十年以后了。整整十年，也是我做了母亲的第十个年头，这次我面具上的裂缝是慢慢形成的，几乎慢不可觉。

1976 年，我和汤尼买下了一幢三层楼房子，因为房子很破了，所以卖得很便宜。房子地段很好，在花园街区 19A 号地块，几乎是布鲁克林高地最令人垂涎的地方。房子需要彻底翻修，我明白这要么把我们拉得更近，要么推得更远。我曾在纽约市立室内设计学校上课，还取得了证书，所以我就负责了所有细节。接下来一年我们四个就是在石膏粉尘、装潢工人和工具的包围下度过的，生活设施也缺得厉害，但这压力没有让我丈夫变得离我更近。要是事情不对，他立马就蹦上车，开到新泽西我们租的房子里过夜。

1977 年的翻新工程，很有讽刺意味，并没有翻新我们的感情，反而成了我们婚姻的分水岭。13 年的快乐日子已经到头了，我们就要开始另外 13 年的悲剧了。很少有人能找出一个日子，明确说，看，这就是婚姻中爱情溜走的那天，但我可以。

那年夏天，朋友请我们去缅因州特南兹港农场度假，暂时逃离翻新工程那一堆烦心事。主人招待我们吃龙虾晚餐，用冷饮，还不停请我们下棋。我记得当时他们夫妇俩之间关系亲密而愉快，而我和汤尼之间则是苍白而毫无生气，简直是天壤之别。最终的催化剂是在缅因的最后一个早晨，我醒来时汤尼一下子把身子转了过去，就好像在宣告，他愿意和任何人在一块儿，就是不愿意和我。终于我承认，我自己也是这样，我想去任何地方，只要不是和他在一起。

从那时起，我就只能看到汤尼的缺点了，他对我也一样。我开始在脑海里暗暗记下每一项缺点，这张单子越来越长，越来越面目可憎，我们不再做爱，他拒绝陪我和孩子去佛罗里达看我母亲。我们不再一起出去活动，不再和对方说话，他也不做家务。愤怒情绪渐渐堆积，这从不是好事，但我做的甚至比这还要恶劣，我转而折磨自己。我想知道我是不是做错了什么，怎么才能改正自己。

孩子们去了学校，汤尼去上班了，然后我就会坐在厨房桌子边，读一大堆当时经典的所谓"自我治疗"书籍。比如说吉尔·希伊的《路》和斯科特·派克①的《少有人走的路：心智成熟的旅程》②，还有不那么出名但更加尖刻的书，比如哈丽特·勒纳的《愤怒之舞》等。我会在这些书边上写写画画，标出符合我情况的段落。当我

---

① M·斯科特·派克（Scott Peck，1936—2005），美国著名作家、医学博士、心理治疗大师。1936年出生于纽约市，1958年在哈佛大学拿到了学士学位，1963年在美国凯斯西储大学医学院获得了博士学位，1963年至1972年在军中服役。1994年，他获得了坦普尔国际和平奖，1996年派克还获得了美国乔治顿大学颁发的知识、信仰和自由奖章。斯科特·派克因患癌症于2005年9月25日在美国康涅狄格州的家中逝世，享年69岁。——译者按

② 《少有人走的路：心智成熟的旅程》是一本震惊世界的名著，出版后虽未作任何宣传，但经人们口耳相传，迅速畅销起来，它曾在美国最著名的《纽约时报》畅销书排行榜上连续上榜近二十年，创下了出版史上的一大奇迹。仅在北美，其销售量就超过七百万册；被翻译成二十三种以上的语言；在《纽约时报》畅销书榜单上，它停驻了近二十年的时间。这是出版史上的一大奇迹。正如《少有人走的路：心智成熟的旅程》开篇所言：人生苦难重重。M·斯科特·派克让我们更加清楚：人生是一场艰辛之旅，心智成熟的旅程相当漫长。但是，他没有让我们感到恐惧，相反，他带领我们去经历一系列艰难乃至痛苦的转变，最终达到自我认知的更高境界。——译者按

开始写这本书，把那些书都翻出来再看的时候，我发现我所有的标注都集中在一个问题上，"爱的互动"。这是让一段关系有意义的关键，没有这一点一段感情会很肤浅，且注定失败。所有一切都在说明，在婚姻中我过于被动，且心墙高筑，但我既没有自信，也不知道怎么改变自己。

每晚汤尼回家之前，我都会手忙脚乱把这些教授"爱的互动"的书藏起来，不让他看见，这样他就看不见我在做什么，免得他觉得我很虚弱，这多么讽刺！渐渐的，每天我听见他钥匙插进正门门孔的声音，那一刻宣告他回来了，也宣告了我每天情绪最低落时刻的降临。

真正解救我的是跑步，我终于在70年代后期戒掉了抽烟，开始跑步。一方面是减肥挽回身材，一方面则想重拾某种幸福感。我幼年在乡间曾是男子田径队里唯一的女孩，但我也不知道是什么让我重新捡起这童年爱好。当我第一次在我家附近东河人行步道上跑步时，我就知道我能行，这是我能做好的事。

跑步立刻成了我生活中的常规活动，给我内心带来了一丝平静。我早上会在五点半起床，比莉莎和珍妮醒得还要早，穿上灰色运动裤，吞下一杯咖啡，沿着人行步道跑上至少四英里，有时候还要多，穿过布鲁克林大桥，到曼哈顿再折返，经常会在东河上伴着日出美景奔跑回家，然后照顾两个女儿起床，送她们去学校，然后第二天早晨再来一次。

那个年代，似乎一夜之间全国发现了跑步的乐趣。吉姆·菲克斯在1977年写了一本《跑步者全书》，整整一年多，这本书都在销量排行榜上排第一。各种体型、年龄的人都三五成群在街道上跑步，身着短衫、耐克，或在上班前，或在下班后，都会在街角集合一起去跑步。很快我也成了其中一员，我加入了纽约街跑俱乐部，这是美国最大的跑步者联合会。如果说一年前我的角色是妻子和母亲，那么现在就是母亲和跑步爱好者。

1979 年，我第一次参加了纽约马拉松赛①，成绩是四小时十六分钟。我很骄傲我能坚持跑完全程，然后我立马就投入训练，准备下一次比赛，发誓要跑进四小时（我也做到了）。我很早就开始在纽约街跑俱乐部做志愿者，在那里找到了全新的朋友圈子，这和我在布鲁克林酸涩的家庭生活截然不同，我们有很多共同话题。汤尼容忍了我花时间跑步，没有抱怨什么。我两个女儿很开心地接受了我的新爱好，而且看起来很为此骄傲。周末在新泽西我跑完长途之后，我们仨会跳进车里，看着里程表重新检查我刚才跑的路，大概是 15 或 16 英里的样子。最后我们总会"检查"进一家冰雪皇后（DQ）②冰激凌店，这也就能解释为什么两个小丫头那么支持我跑步。我们总会点一个大号香草味冰激凌球，还要撒上巧克力末。

1981 年 2 月，我在俱乐部接受了一份兼职，负责建设他们

---

① 马拉松（Marathon）是国际上非常普及的长跑比赛项目，分全程马拉松（Full Marathon），半程马拉松（Half Marathon）和四分马拉松（Quarter Marathon）三种。以全程马拉松比赛最为普及，一般提及马拉松，即指全程马拉松。——译者按

② 冰雪皇后（Dairy Queen，简称 DQ）是全球冰激凌和快餐连锁企业。2006 年度财政报告显示，冰雪皇后超过 5 600 家店铺遍布世界十多个国家，其中约 4 600 家（85%）位于美国。它的鼻祖是美国人麦卡洛。1938 年，美国人麦卡洛尝试制作冰淇淋新产品。1940 年，第一家 Dairy Queen 冰淇淋店在美国伊利诺伊州的乔利埃特开业。由于创始人麦卡洛先生喜欢把母牛称作"乳品行业的皇后"，冰淇淋店因此而得名。这就是今天的 Dairy Queen（奶品皇后）。——译者按

的研究图书馆。报酬比最低工资线高不了多少，但我不在乎。同事都是跑步爱好者，坦白说，我没有很兴奋，也没有觉得什么使命感，毕竟我在白宫呆过。我和一名叫比尔·诺尔的高级职员处得特别好，我们一起训练，一起吃午饭，每天都要找这样那样的理由到各自办公桌去上几趟。我们都爱好跑步，也从中感到成就与健康带来的快乐，这种种共同点都让我们之间渐渐变得不太一样了。

比尔后来有了个好主意，他说我们该去跑1982年的伦敦马拉松赛。我立刻就同意了。一共有五个人飞去了伦敦，但只有我们俩注册参与比赛。另外三个人要么只是来旅游的，要么就是辅助人员。这也就是为什么我们俩被分到了一间房，毕竟比赛前我们需要好好睡一觉，而别人则能外出游玩，或进城购物之类。这也能表明我们当时关系多么纯洁，我们又对体育多么投入，团队里没人觉得住宿安排不合适，我们俩也这么觉得。那时候，我和丈夫已经有五年没有亲密关系了，而我发现自己其实很怀念这种身体接触与联系。所以我不由自主做出了个怪异的行为，让我们俩都大感震惊。我爬上了比尔的床，而不是我的。几个月共同训练下来，我们互相鼓励，互相搀扶，这自然而然就发生了。两天前，我刚过了三十九岁生日，比尔是我的第三个情人。

第二天早上我一点也没有后悔，我们坐地铁去格林威治公园的比赛起点，我那次跑出了三小时二十七分钟，是个人最好成绩。一直到我在飞机上飞回纽约，想到要去面对汤尼，负罪感才潮水般席卷而来。我出轨了，这一事实让我联想起另一个事实，二者都很明显：与汤尼的多年默契过后，苦心维持的寂静婚姻开始破碎了。

1983 年，在布鲁克林高地舒适的起居室里，我和我妹妹黛比在一起。一年前，她的婚礼在我家举行。我们回忆当时婚礼的细节，然后谈话就转向了男人。我们之间很坦诚，但这也是我第一次和姐妹谈起"性"，这话题让我坦白了和比尔的约会。黛比听到是我主动，显得很惊讶。我会跳上另一个男人的床，换句话说，主动献身，这让她想都不敢想，感觉和我性格也不符，她从没见过我这一面。此外，我们经历也很不一样，她三十三岁才结婚，此前也有过很多男朋友。

"我很吃惊，"她说，"在比尔之前，你居然只有过一个男人。"

"这不太准确，"我回应说，"60 年代在华盛顿工作时，我和一名已婚男子有过一段。"

"是肯尼迪，对不？"她说。

"你怎么知道的？"

"猜猜看罢了，"她说，"他那么有名。"

我很惊讶她直觉那么准，好像她早就知道了这个秘密，从始至终一直很明显一样。但我没觉得我有必要说太多细节。我一直在说汤尼是怎么禁止我说出这事情的，这显然让她有点迷糊。"那为什么你告诉我？"她问。我没有想到她会这么问，也没有准备好答案，好在她很快换了话题。我想我们俩都如释重负。她明白我谈这事不会很开心，那还谈它作甚呢？

我继续在纽约街跑俱乐部工作了三年，还是继续和比尔一起训练比赛，后来还包括三项全能①，一直坚持到伤病和手术让我

---

① 三项全能（Triathlon，源自希腊语），又被称为铁人三项或三项铁人，是由三项运动由组成的比赛。在当代，铁人三项运动主要指按顺序进行的游泳、自行车和短程马拉松。——译者按

不得不退为业余跑步爱好者。有时我会做白日梦，想象和比尔在一起的生活，尽管显然他从没想过这个可能性。这梦后来无疾而终，我接受了一份全职工作，做当地一家网球壁球俱乐部的经理，同时，虽然过程很缓慢，我还是回到了不幸的婚姻中。

80年代剩下的日子里，我从没想过要把秘密告诉别的什么人。事实上，破碎的婚姻那么痛苦，让我几乎不和朋友或家人分享任何事。汤尼和我几乎不和对方打招呼，这种缺乏感情的环境也让女儿很苦恼，珍妮当时正好是在青春期。她觉得我们俩都有错，但更针对我，因为显然我这个目标更方便攻击一些。

有一天她冲我大叫："你真配不上当妈！"

我不记得为什么她冲我大叫，但这一下子提醒了我，让我翻然醒悟，原来她觉得我是个可怜的女人，甚至都不能为自己的幸福站出来反抗。我在曼哈顿跑步的时候，脑海中一直盘旋着这点，那是1989年4月的一个星期五。汤尼回家早了，这样他就能去新泽西过周末。我沿着麦迪逊大街往下走到纽约中央火车站①，从范德比尔德大街上的西入口走了进去，我站在楼梯顶上，看着底下街道上通勤者来来往往，人流如织，一个个像蚂蚁一般忙忙碌碌，然后穿过大厅走到柯达门口，那里有一张硕大的照片，一对情侣牵着手在热带海滩上，非常浪漫。尽管这很老套，但我还是能够理解这种爱，一下子我悲从中来，我无法想象自己未来还

---

① 纽约中央火车站（Grand Central Terminal），位于美国曼哈顿中心，始建于1903年，1913年2月2日正式启用。纽约中央火车站是由美国铁路之王范德比尔特家族建造，是纽约著名的地标性建筑，也是一座公共艺术馆。它是世界上最大、美国最繁忙的火车站，同时它还是纽约铁路与地铁的交通中枢。——译者按

会有任何浪漫情节，有任何爱情，泪水奔涌而出。

我以前总觉得做决定前应该要慎重考虑，平静思考之后再说，或者等待瞬间的灵感涌现。人不能突然做出决定，但这次我感觉真的很不堪，就像有人在我胃上猛然打了一拳，一下子我就决定了：我必须结束这段婚姻。我如释重负，感到前所未有的解脱。

我回到家里，汤尼正站在厨房里，给新泽西的朋友们打电话安排周末出行。我站在门口过道里，盯着他，心里数着秒，看看他到底要多久才注意到我。他把墙上电话机的话筒从一只手换到另一只手，向我竖起了食指，这是他让我等一分钟的意思。最后他挂上了电话，转身看着我，脸上带着不耐烦。

"我想离婚，"我说。

"什么？"他反问。

"我想你听清了。"我不想再说别的了，我等着他给出回应。

"你确定吗？"他说，"你从来都不知道自己想要什么，但如果你真的想要，那你会得到的，我想你会后悔的。"

他的话在空气中回荡，更像是威胁，而不是想让我回心转意。某种意义上，他说对了。我确实不知道自己想要什么，但我知道我必须要迈出一步，做出改变。我知道我陷入不幸或我们婚姻破灭不能全怪汤尼，我们都有错，应该各打五十大板。我也没让他得到幸福。但至少，我迈出了结束这场不幸的第一步，这对双方都好。

汤尼暴跳如雷，但他不是那种闷闷不乐或者会沉浸在愤怒中的人，他立刻就开始做计划了。他在附近威乐街另买了一套公寓，搬了出去，我们都请了律师，12 个月之后，在唇枪舌剑过后，我们不再是丈夫和妻子了。

几个月后，1991年夏天，我在和佛明顿最亲近的朋友玛丽·皮尔斯伯里一起回顾离婚细节。当年我们在白宫第二次夏季实习，和温迪·泰勒一起合租公寓的时候，她还是玛丽·斯图亚特[①]。我们一起外出去吃晚饭，玛丽想祝贺我开始新生。她就是那种朋友。

当我们给我二十六年的婚姻"验尸"的时候，她显得很耐心，我告诉她1989年鼓起勇气，做出离婚决定并没有让我很为难，某种意义上我没有选择。玛丽不同意，她觉得多年的摩擦不会是两人分开的原因。

她说："肯定还有什么大事。"

"好吧，"我有些迟疑，那么多年我都没有告诉玛丽，我第一直觉就是维持现状。但我意识到我不再是汤尼的妻子了，婚姻誓言也无效了，那么我也就不用掩埋我的秘密了。

我诉说着我和肯尼迪总统的艳史，玛丽一言不发。她就是这种最好的朋友，善于倾听，不觉得自己有责任提出解决方案，毕竟有时我们只是想要别人听自己说话而已。

对我来说，终于有机会和一位了解当时实习期生活的朋友说说了，我不仅仅有种自我解放的感觉，同样也觉得自己终于解放了十九岁的自己。这感觉不错。

一点一点，我在剥离面纱。

下一次我说出秘密是因为1994年5月19号杰奎琳夫人之死。那次我在和惠顿学院同班同学海澜德一起吃晚饭，在东上角。她

---

① 这里作者意为玛丽嫁给了一个姓皮尔斯伯里的男人，故其改从夫姓。——译者按

是从西边穿过中央公园来的，恰好经过夫人在第五大道 1040 号的寓所，楼下聚满了崇拜者与新闻记者。夫人去世刚刚两天，这些人都是在等她儿子，小约翰·肯尼迪，他有可能会出来做简报，介绍葬礼安排。

海澜德知道我曾在肯尼迪白宫里工作，就在晚餐上提起了夫人过世的事情，问我是否曾见过她。

"不，从没有。"我说，然后就跟她提及了那时候怎么想到要采访夫人的事，后来我就到白宫去实习了。

"那知道她去世了你肯定很伤心。"她说。

"的确，"我回答，"但其实这更多的是让我想起了肯尼迪总统。"

"那又是怎么回事？"她接着问。

我就告诉了她。

当时我离婚已经四年了，刚知天命。海澜德刚分居，我们一直一起在中央公园里散步，一起吃晚饭。我们之间的私密谈话覆盖了所有曼哈顿独居女人会涉及的话题：工作、家庭，当然，还有男人。那晚很自然、很舒服地，我就把所有事情一股脑儿都告诉了她，从游泳池里的事，到煮炒鸡蛋，再到外出旅行，或者在白宫过夜。她一开始呆若木鸡，但很快缓过神儿来追着我问各种细节。她尤其对后勤事务感兴趣，怎么样、哪里、什么时候，等等。我们是怎么对付第一夫人的、特勤局是干吗的，诸如此类。我一刻不停，足足说了两个小时。显然我还是有点担心说得那么仔细会不会不好，但毕竟是三十年的习惯了，很难改掉。况且她对细节那么感兴趣，对我描述的总统那么感兴趣，我们聊得很愉快。

此后，她告诉我，我能和她分享秘密她觉得很荣幸，她"郑

164

重用自己的荣誉保证"，她真是这么说的，"一个字也不会吐露"。

她理解了我，也很赞赏我背着包袱过了那么多年。人很多时候怎么做、怎么思考，是因为我们需要被别人理解。和她分享的时候，我终于觉得被人理解了。

我告诉的最后一个人，就是托马斯·K·特维尔博士，第五大道长老会①教堂的资深牧师。他在宽慰忏悔者方面经验丰富，也很有智慧，我很崇拜他。他是我的朋友，我和他聊天感觉很舒服，我叫他汤姆。

那是 2000 年，克林顿任期的最后一年，莫妮卡·莱温斯基②丑闻已经爆发了两年。那时我已经在教堂里工作了五年，负责音频部门，就是说要为教堂任何公共活动制作、推广音频和视频。第五大道长老会教堂并不是郊区路边默默无闻的白色尖顶宗教场所，而是一幢棕色石头大厦，在圣帕特里克大教堂以北五个街区，那里是曼哈顿最繁忙的角落之一。汤姆很有演讲天赋，他主持的周日布道经常有许多听众，不仅仅是教堂教众，连经过的路人也会被吸引。

---

① 长老会是基督新教一派，根源从 16 世纪的西欧改革运动开始。长老会即长老宗，也称归正宗。归正宗是新教主要宗派之一，以加尔文（Jean Calvin，1509—1564）的宗教思想为依据，亦称加尔文宗，"归正"为经过改革复归正确之意。归正宗产生于 16 世纪宗教改革时期，与安立甘宗和路德宗并称新教三大主流派别。——译者按

② 20 世纪 90 年代在美国白宫工作时和当时美国总统比尔·克林顿发生性行为造成绯闻，从而引起公众的注意。后导致克林顿被弹劾，但未成功。——译者按

2月13日，他宣布布道会讲十诫①，尤其关注第七条戒律："尔等不得通奸。"他公布的题目"性是个两个字的词"显然引爆了大众的好奇心。

那个周末早晨，楼下座位和楼上阳台水泄不通，我把录音机开到自动模式，到圣所②里抢了个座位。我不常这样做的，只是这次对那个词是什么感到好奇。结果是"忠诚"。汤姆说，如果你想以上帝期望的方式追求忠诚的生活，你必须注意三条原则。第一条是人类性行为是神圣的礼物，必须小心行使。性不是游戏。第二条是上帝不会正经得出了格。他并不想剥夺我们的快乐，但乱交只会摧毁人际关系，总会有人被伤害。第三条认为，人类精神最深的欲望是心理亲密，如果没有这点，一个人在性上就不可能忠诚。

这三条让人很难说不，汤姆更是用例子进一步论证。他说："性总会成为头条新闻。丑闻头条每天扑面而来，我们都知道是谁，都知道这故事，国会议员、法官、运动员、娱乐明星、牧师，甚至是美利坚合众国总统。不仅仅是现在这位，追溯过往，历史上很多总统都有这样的事，和不是他妻子的女人搞在一起。"

好布道总是揭露事实。伟大的布道则用出乎意料的方式这样做。这一次他的布道让我震惊。第一次，我觉得汤姆在直接对我说话，但其实他是在说克林顿—莱温斯基的事情，而想突出这事

---

① 十诫，是《圣经》记载的上帝耶和华借由以色列的先知和众部族首领摩西向以色列民族颁布的十条规定。据《圣经》记载，这是上帝亲自用指头写在石板上，后被放在约柜内。犹太人奉之为生活的准则，也是最初的法律条文。——译者按

② 教堂最核心的部分，正对祭坛。——译者按

情伤害的远不止两个人。

我从没觉得坐在圣所里那么难熬，就好像汤姆用聚光灯打在我身上，用言辞猛烈抨击我一样。

我并没有很虔诚，我没有一直有规律地去教堂，或相信某一特别信条，但我确实认为我是属灵的人，我相信我们之上有种力量，被称为上帝，而我们如果有意愿，或者努力去理解这种力量，就能让生命更有意义。

我也很相信巧合，相信这是灵性相遇的结果，我总是在给别人很容易忽略的事加上意义。我相信神秘事物，相信冥冥中会有指引，比如我在想某个人的时候，他或她就给我打电话了，或者当我在为某个问题寻找答案时，一本书就这么从书架上掉了下来，或者我偶尔坐了一次不经常坐的列车，但正好偶遇一位需要帮助的老友。我很注意这些看似无意的联系，这也是我和别人建立联系的方式。

我坐在长凳上，听着汤姆谈着总统的性生活，慢慢和我的过去对照了起来，这种巧合让我无力抵御。

我当时就知道结束之后我会去找他，告诉他我的故事，我需要全然解脱。大多数周日，仪式结束之后我会整理磁带，在教堂网站上传音频、做标签，一般这时候汤姆会把头伸进办公室，我会给他做个手势，拇指向上或拇指向下，这就意味着点击率预期如何。周日布道立刻会成为点击率最高的音频。但那天他觉察到我有些不对劲，我们就安排了时间谈话，约在那天晚上，在他七楼办公室里，空间很大，能俯视教堂的钟楼。

我开始对汤姆说他这次布道多么贴近我的生活，接下去我没有结结巴巴，我说的话，和这本书开头的部分很类似，我很想一吐为快。

可能我想听到他告诉我，我当时那样做不是乱交，可能我需要他帮我找出，我自己没法找到的心理亲密的点点滴滴，可能我不过是需要某些"神圣"灵性权威人物告诉我：我很好，我可以原谅自己了。

汤姆没让我失望，他很讶异，但没有发愣，这些年来他听过了太多故事，比我痛苦的故事多了去了。他缓解了我的不安，还为我向上帝祈祷。

每次我向谁说出秘密之后，我就离重整心理健康更近了一步，我觉得。

和若昂·爱丽丝说了之后，我明白了如果我打破和汤尼的承诺，世界不会分崩离析。

和我妹妹黛比说了之后，尽管是她用直觉猜出了主角是肯尼迪，但我明白了，可能我过虑了，别人听到这事情后并不会太过惊讶，也不会认为我很不知羞耻。比如说我妹妹，她就不觉得我有什么好羞耻的，我一直过于夸张了。

和玛丽说了之后，我和她一起活灵活现地重现了那个1963年的女孩。足够鲜活，她那么引人注目，连美国总统都拜倒在她石榴裙下。这次过后，我彻底把这个女孩埋在了记忆深处，彻底忘记了。

和海澜德说了之后，我得到了理解。

和汤姆·特维尔说了之后，我获得了安慰、安宁，甚至感到一丝宽恕。他的原话是："这里会给你更多宽慰，而宽恕会降临的。"

肯尼迪过世之后第一次，有人用平静的态度，带着愉悦感祝福了我。为什么那时候会这样，我说不太准，我们之间有些东西把我们联系在一起，而其基础是宗教的神秘感。我获得的最佳解释来自于艾文·因伯尔—布莱克博士，她是一位神学家，也是研究家庭内部秘密的权威。那是 2010 年我采访她的时候，她告诉我说，我与肯尼迪之间的秘密就是我和汤尼婚姻的核心。这个秘密决定了我们双方之间如何互动，而这个动态关系很简单：我们不能谈这件事，所以任何可能让我们想到这件事的事情都不能谈。这就决定了寂静会慢慢潜进我们之间，慢慢膨胀，挥之不去。现在已经将近四十年过去了，我才觉得不用害怕报复，才知道伤口总是会慢慢恢复的。

我能那么平静，这是最佳解释。这个秘密已经不再有什么大不了了，我已经成熟了，这已经成为"我"之所以为我的一部分，但这不会决定我是谁。和特维尔牧师谈过之后，这再也不会束缚我了。这个包袱，我不仅仅放下了，还远远扔掉了。

金·罗森曾经写道："当你转身拥抱你曾极力远离之事，试着逃离就不再是人生主旨，你也就不再深陷其中，不能自拔。"

我现在理解了，我的秘密不再需要掩饰。不需要掩饰的秘密也就不再是秘密了，这不过是我少女时代发生的一件事而已。

# 第十四章

不管我内心再如何平静，三年后，纽约《每日新闻》却用尽全力试着激起一些涟漪。

我想很显然，这时候，我绝不会把自己幻想成历史中某种关键的神秘人物。我知道我不过是历史中的一行脚注。不是，甚至连脚注都算不上，因为脚注意味我在历史事件发展中有一席之地，影响了别人的生活，在某个重要谈话或决定中有什么影响。这从来没有。如果真要说的话，那我就是脚注的脚注，附在美利坚合众国第三十五任总统那一页下面，如此不引人注意，就算最勤奋的传记作家，也无法在其关于肯尼迪的作品中找到我的全名。

但自 5 月 13 日（2003 年——译者注）开始，这一切就变了。那天《每日新闻》发了一条逸闻，题目是《在白宫与米米嬉戏欢乐》，揭露了肯尼迪和白宫实习生的轶事。尽管新闻里没有提及任何能联系到我的具体消息，但我觉得他们正在渐渐靠近真相。要是换作早些时候，我可能会惊慌失措，整个人都六神无主。但这时候，我唯一的顾虑就是会不会波及我的女儿，他们现在已经三十多岁了，也结婚有了孩子。所以我想，我亲口告诉她们，会比她们在媒体上看到要好些。

我和特维尔牧师说起"米米"的故事见报了，他很慷慨，提出愿意支付我见女儿的差旅费，莉莎在弗吉尼亚，而珍妮在旧金山。但我不觉得时间足够。《每日新闻》已经说出了我的名字，确认到底是谁花不了多久。

那天晚些时候，我给女儿打了电话。之前我打了许久腹稿，脑海中字斟句酌，语带犹豫，告诉她们"我 1962 在白宫实习，那时候我和肯尼迪总统发生了点什么。这段关系持续了将近 18 个月，然后，是的，我告诉过你们的父亲，虽然他和我从 1963 年 11 月 22 日往后就没谈起过这事情。"

她们的反应让我永生难忘。

莉莎说："妈，我真不敢相信你当时只有十九岁，而你都不能告诉你自己的妈妈。"她立刻就体会到了我当时的处境：当时的我年轻天真、身负秘密、孤独脆弱，就连和自己的父母都隔着一层。母女连心。

珍妮问我："你把秘密藏了那么久！你是怎么做到的？"她立刻就想到了我会背上多大的包袱。到底是母女连心。

现在我的女儿已经和我结成统一战线了，那我就不担心了。

第二天我去上班了。一开始什么都没有发生，没有陌生电话、邮件或是留言。大约是中午，特维尔牧师告诉我他要离开几天，他让助理牧师珍妮丝·史密斯·阿蒙负责我这一块，要是我需要帮助可以找她。那天下午珍妮丝和我谈得很愉快，我们想了想这故事可能会怎么泄露，会不会捅开我心里别的什么伤痛，会不会突如其来改变我的生活之类，当然都是朝着好的方向。我觉得很不错。尽管我还是不喜欢被媒体追在屁股后面（会是哪家媒体呢？），但我知道说出真相虽非唯一选择，却可能是一种解脱。

我回到教堂底楼我的办公室，赫然发现莎莉丝特·卡茨，《每日新闻》的记者站在我办公室门口等我。她开门见山，直接就问我是不是昨天报道里提及的米米。

"是的，就是我。"我说。

我邀她一起到办公室边上的圣所里。我最喜欢第九排一个位子，所以我请她一起坐在那里。周围一片寂静。她问了一些基本问题，比如年龄、工作、婚姻状态，从波特女士学校毕业的年份等等，看来是为了核实信息。我很平静，一一作答，然后请她离开，她问我能不能给报纸留张照片，我婉拒了。

这天接下来的时间就花在应付媒体上了，真是让人应接不暇，啼笑皆非。珍妮丝提醒我《每日新闻》有摄影记者在教堂侧面入口第五十五街上徘徊，要求拍张我的照片。我们手忙脚乱找了一阵正门钥匙，然后剑走偏锋，从大门堂堂正正出去了，谁都不会想到我们竟然会从第五大道出去①。我们手拉着手，跑下台阶，赶上一班公车回我公寓去了。一路上我们都为这一切如此荒谬得如此喜感而开怀大笑。

在我第九街的公寓里，有个厚脸皮的《国家询问报》(National Enquirer)②记者已经偷偷潜进来，爬上七楼，敲响了我房门，但没人答应。他踏出电梯的时候，我和珍妮丝正好进去。等他反应过来我们是谁，已经晚了，电梯门已经关上了，我们终于平安抵达。我给门卫打了电话，告诉他把记者挡在门外。我房里电话响了又响，我根本没理会，任凭自动应答机里塞满了语音留言，我终于亲身体验了新闻界的效率。

特维尔牧师曾警告过我，除非我在住处召开一场新闻发布会（谢天谢地，决不！），否则我应该要准备一份声明来搪塞媒体，

---

① 教堂正门一般只在宗教仪式或大型活动时开启，平时工作人员均从侧门出入，故。——译者按

② 《国家询问报》(National Enquirer)专门揭发名人隐私，销售量高达四百万份，是流传最广的美国内幕杂志，屹立美国报架数十年而不坠。——译者按

以防故事被揭发出来。我开始写，当晚通过电话和汤姆和女儿一起斟酌了词句。

自 1962 年 6 月至 1963 年 11 月，我与肯尼迪总统之间存在性关系。过去四十一年间，我对此闭口不谈。鉴于最近媒体开始报道此事，我已将此事与家人、女儿做了讨论，她们完全支持我。

对此事我不会进一步发表评论。我希望媒体在此事件中尊重本人及本人家人的隐私。

我觉得这很短小精悍，里面信息足够精确了，肯定能塞住媒体的嘴。汤姆认为"风流韵事"会比"性关系"更好，但我不愿在这里有一句话模棱两可，这只能招来更多问题。要是我不幸被媒体包围，我只要递给他们这份声明，然后走人。

第二天早晨，5 月 15 日，周四。我在网上浏览了一下《每日新闻》，头版头条："肯尼迪实习生大坦白：她在城市教堂工作，现年六十岁，承认'我就是那个米米'"。我体味到了"那个"背后的情绪，好像我是什么大奸大恶之辈一样。我给门卫打了电话，他说有一大群记者在街上等着我，甚至还有一组有线新闻网①的摄影记者。珍妮丝过来了，和我们事先商量好的一样，来陪我面对这一切。一踏出公寓，我就把声明塞给记者，然后

---

① CNN，是美国有线电视新闻网（Cable News Network）的英文缩写，由特纳广播公司（TBS）董事长特德·特纳于 1980 年 6 月创办，通过卫星向有线电视网和卫星电视用户提供全天候的新闻节目，总部设在美国佐治亚州的亚特兰大。1980 年 6 月 1 日，CNN 在亚特兰大正式开播。2010 年 5 月，CNN 在今年 5 月份超越雅虎，成为美国最受欢迎的新闻网站。——译者按

跳进一辆出租车，我们早就预订好了。车开出去的时候，我看到莎莉丝特·卡茨盯着我车窗，从嘴形上我看出她在说"对不起"。但她没什么好道歉的，她写的一切都是准确的，我相信她已经帮了我大忙了。

媒体闹剧在教堂甚至愈演愈烈，电话响个不同，只要我同事一露面就会被记者缠住，他们想尽办法挖掘我的一切细节，到了中午，大家都同意我应该回家，关上百叶窗，让这些疯子在外面闹去吧。

我这么做了，我匆匆赶回家，自我"软禁"，时间视情况而定。

禁闭没什么辛苦的，公寓舒适，住在里面很惬意。我读读书，打打毛线，朋友会给我带来食物，也会常来陪陪我。每天我都会跟莉莎和珍妮通上几次气，楼下有侠客门卫看守大门，记者寸步难入，他也会告诉我记者和摄影师究竟在哪里，他们在附近街道上四处游荡，想碰碰运气。我们很疑惑为什么他们不离开，门卫告诉我——他现在已经跟"狱卒"记者们成了莫逆之交，这简直太诡异了——他们认为或许我已经从什么后门溜出去，在家庭成员掩护下跑回新泽西去了。

朋友家人给我写了许多电子邮件，也有寄信来的。比如这封："我一读到《每日新闻》上的消息就哭了。因为你是那么诚实、那么勇敢，也可能因为你那么自信。你百分百是个好人，我很骄傲能交到你这个朋友，我爱你。"我怎么会不备受鼓舞呢?

我还是不断收到语音信息或是亲手递交的信件，全世界范围内的记者都要求对我进行电视采访，但我没有回应任何请求。即使是自己平素最喜欢的那些当家主播，比如黛安·索耶（Diane

Sawyer）①和凯蒂·库瑞克（Katie Couric）②，我也拒之门外。我相信自己内心的声音："保持安静，保持平静，你才是主导者。"

五天后，记者终于从我公寓下面街上消失了，我安全了，又可以去中央公园跑步了，也可以自行采购食品了。采访请求也渐渐偃旗息鼓，变得零星起来。很快我又回去工作了，一切照常，我从这场"浩劫"中幸存下来了。

为了我的心情、我的自尊、我的心理状态，还有我直面事实但不愿失去隐私及尊严的决定，自我软禁很有益处。我也坚定了决心，要让这秘密大白于天下，非常难得。这件事我恐惧了那么多年，现在竟然能坦然面对，但人生就是这样，如果是成了小报头条人物，你生活可能一夜间大不相同，而至于我，这即将以做梦都不曾想过的方式降临。

------

① 黛安·索耶（Diane Sawyer）是"美国梦"的一个典型，因为她由乡下女孩子逐渐发迹而成为美国ABC电视台的当家女主播。黛安从小就十分漂亮，很讨人喜爱。她曾经于1963年获得少年组"肯塔基州小姐"称号，并于当年获得少年组"美国小姐"称号。黛安于1967年毕业于美国麻省韦尔斯利学院，在法律学校学习一个学期之后决定从事新闻事业。她的电视主持人事业是从在肯塔基州路易斯维尔WLKY电视台作为一名电视台记者开始的，而她也是"60分钟"节目的第一位共同女主播。

黛安在尼克松时期是美国白宫的新闻助理，在尼克松下台后协助他撰写自传。另据传闻称，黛安还是"水门事件"中臭名昭著的"深喉"人物。不过，黛安对此传闻给予了否认。——译者按

② 凯蒂·库瑞克（1957— ），自2006年9月5日起担任美国CBS晚间新闻的主播及总编辑，同时也成为美国史上第一位独自播报晚间新闻的女主播，在美国新闻界写下崭新的一页。除了播报晚间新闻之外，凯蒂·库瑞克亦将为该台知名节目"60分钟"供稿，并且主播CBS黄金时段的特别报道。在跳槽CBS之前，凯蒂·库瑞克以主播NBC的《今天》（Today，晨间新闻）长达15年而闻名，并且将NBC晨间新闻巩固在同时段收视率第一的宝座多年。——译者按

我收到了许多信件，其中之一是叫"理查德·阿尔福德"的人写的，这人名字尽管听起来似乎有点耳熟，但我一点都想不起来具体是谁，也很肯定我不认识他。但他读完《每日新闻》报道后写道：

亲爱的米米：

你是那么聪明，我肯定你能预估到你的简报和直切要害的评论可能会带来什么样的曝光。我作为朋友，只是希望你能坚持声明所载内容，摆脱这场风暴。我不用告诉你形形色色的人会邀你写书、接受电视采访（比如说拉里·金①、芭芭拉·沃尔特斯②），甚至出演电视剧。我希望你不缺钱，因为上述这些邀请肯定会说得天花乱坠，多少多少钱怎么怎么样，我猜可能是上百万的。作为朋友，我希望你能坚持到底。

---

① 拉里·金（Larry King，1933—  ），原名罗伦斯·柴格（Lawrence Harvey Zeigler），美国纽约布鲁克林区人，是一位获奖电视节目主持人。他主持美国有线电视新闻网 CNN 每晚播出的访谈类节目"拉里·金现场"，以吊带裤、大眼镜、老式麦克风的招牌形象著称。——译者按

② 芭芭拉·沃尔特斯（Barbara Jill Walters，1929—  ），另译芭芭拉·华特丝，是一位美国记者、作者、媒体从业人。她曾主持多档早间电视节目，诸如"今天"（Today）和"观点"（The View），一档晚间电视新闻杂志节目（"20/20"），并担任"ABC 晚间新闻"（ABC Evening News）的联合主播以及"ABC 世界新闻"（ABC World News）的记者。沃尔特斯首次出名是因其担任早间电视新闻《今天》的主播超过 10 年，在节目中她先后与休·唐斯（Hugh Downs）、弗兰克·麦克吉（Frank McGee）以及吉姆·哈兹（Jim Hartz）合作主持。之后她又担任美国广播公司（ABC）的新闻杂志节目"20/20"的联合主持长达 25 年。同时她也是首位出任美国主要电视网晚间新闻联合主播的女性，当时她与男主播哈里·里森纳（Harry Reasoner）合作主持"ABC 晚间新闻"（ABC Evening News），之后她又成为"ABC 世界新闻"（ABC World News）的记者。——译者按

过去七年半我都在印度和东京，给国际管理集团①负责开设、管理当地公司。马克·麦高域，集团创立者，也是我的朋友和老板，数小时前在昏迷四个月之后去世了。这真是太不幸了。我住在第九街和麦迪逊大道交叉口，等事情安定下来我想见见你。要是你有任何问题尽管给我打电话，给我家里打电话好了，我会给你善意且免费的咨询意见的。我不太去办公室。

保重，祝好运。

迪克

我没有回复，但这封信很特别，好几个方面都给我留下了印象。首先，我很赞赏他犀利的警告，关于接下来日子里可能会涌来的各种提议或者巨额合约。但如果要从这么一个自说自话就以"朋友"自居的陌生家伙那里求取建议，我还是觉得很奇怪。他凭什么说自己了解我？我把这信和别的一起放了起来。

新闻爆发前一周，我度过了六十岁生日，我已经单身在曼哈顿住了十三年了。这段时间里，很多时候我都在和一个男人保持一种彻底没结果、有一搭没一搭的关系。我说这彻底没结果，是因为这人根本不是我想要的类型，我想要能分享我爱好、非常了解、能永远共同生活的人。我们的关系一年一年继续，大多数情

---

① 国际管理集团（IMG）是全世界最大、业务范围最广和真正一心一意为体育和娱乐事业工作的营销和管理公司。IMG 是于 20 世纪 60 年代初由马克·麦高域（Mark H. McCormack）先生在美国俄亥俄州克里夫兰市（Cleveland, Ohio, U.S.A.）创立。今天，IMG 在全球 20 多个国家设有 60 多个办事处，聘用了超过 2 000 名雇员。IMG 的业务大致可以分为以下几项：经理人和顾问业务：IMG 是世界顶尖运动员、表演艺术家、作家、时装模特儿、广播节目主持等名人、大型跨国企业、世界盛事、文化组织、休闲度假村等的经理人或顾问。——译者按

况下是因为一种惯性，几乎就好像我没有意识到时间在溜走一样。最后2002年这关系彻底结束了，我并没有伤心或觉得失去勇气，只是发现自己竟然浪费了那么久，忽略了自己真正的心意那么久。我不再年轻了。

但我从没有放弃希望，我想要的是人之常情：爱与被爱。

有朋友推荐了一家曼哈顿相亲中介，但预付了2 500美金服务费、填完资料之后，我意识到他们运作模式中有个很大的漏洞：是他们给你配对，也是由他们决定你是不是去见那个人，这就从我手中夺取了全部控制权，好吧，我承认，这也就没了大部分乐趣。为什么我要大肆叫卖自己是谁，炒作自己想要什么样的人际关系，然后就连挑选回应信息、决定下一步自己怎么做的权利都没有？这是最私人的决定，没人能替你做决定。

我知道那些大型在线相亲网站会提供更多选择，所以我决定上网，把资料放到网站上。我把常见个人资料写进去，还特别标注了最喜欢的电影是《目击者》①。最后我加了一句："我喜欢跟乐

①　1985年上映，彼德·威尔（Peter Weir）导演，哈里森·福特、凯利·麦吉丽丝、约瑟夫·萨默尔主演。故事大概：美国宾州妇女丽狄因丧夫而带着儿子山姆投奔亲友，但是在车站的洗手间内，山姆偶然目睹了一场谋杀。警长约翰·布克赶到现场，他希望山姆能作为证人指证凶手，不料最终山姆暗地里指认的竟是警探麦克菲。布克将情况告诉了上司保罗，希望得到政府的协助，可是在回家的路上，布克受到了麦克菲的袭击，并中弹负伤。原来保罗与麦克菲是一伙的，他们侵吞公款，倒卖毒品，并要杀了布克灭口。布克勉强将丽狄母子二人送回她的父亲家阿门部落，自己却因伤势过重而昏迷。在丽狄的精心照料下，布克身体恢复得很快，与阿门部落日益融洽，跟丽狄互相也萌生了爱意。不久保罗一伙终于找到了他的下落，并赶来要将他杀死，布克利用熟悉的地形干掉了保罗的手下和麦克菲，保罗却挟持丽狄作人质而抓住了布克，这时周围的村民赶到，保罗终于放下了枪。警察到来之后终于真相大白，可是布克必须离去了，因为他有自己的生活方式，毕竟他不是属于这里的人，他和丽狄只能依依惜别。——译者按

意和我一起做饭的男人在一块儿。"

写个人资料让我不得不说出我的择偶标准。但这些标准我在线上"约会"的五个男人身上都没看到。每次都很愉快，但总会有些诡异的意外，让我觉得很奇怪，很不舒服。第一个人，绝对是巧合，曾为我的一位老友工作，而这位老友曾经爆炒了他的鱿鱼。这人还记得这些工作的细节感受，辛酸回忆，还在晚餐餐桌上喋喋不休，我告诉他我无法忍受有人说别人坏话，何况还是一个我尊敬的老友。要么闭嘴，要么滚蛋。

后来有一次，有个家伙说好到我办公室来接我吃晚饭，但却整整晚了两个小时，我还记得自己迫不及待地跳进他车里（可能是因为我那时候饿坏了），享受完食物之后，他送我回家，我又同样迫不及待地从车里跳出去，请他到公寓里做客。（别乱想，之后不可能有绯闻发生）。每一次我都更加明白自己想要什么，也更清楚不能为不是真正适合的人委曲求全。

第五次，也是最后一次就是例子。那是我已经明智多了，知道首次碰面就应该做个"咖啡馆约会"，而不是直接去用午餐或晚餐。

我们在一个希腊馆子碰面，他很瘦，很喜欢运动，是个自行车铁杆粉丝。他表现得有点紧张，笑得有点神经质，握手的时候也手忙脚乱的。也许这些我还能不太在意，但当我还在小口小口喝咖啡的时候，他已经点了三道菜了，这我就不能忽略了；更有甚者，他一直在说他自己怎么怎么样，这让我大为反感。所以一走到街上，当他告诉我刚才约会他很享受，还提议"我们再来一次吧"时，我回了一句"我看还是别了"。然后就原地180度转身，我头也不回地走了。

走过街角，走进一条支路，确认那人再也看不到我了之后，我觉得筋疲力尽，不禁用拳头击打空气，就好像我刚刚赢下一个关键网球赛点一样。（要是我当时戴着帽子，我肯定会把帽子抛向天空，就像是玛丽·泰勒·摩尔秀①开场镜头那样。）是的，我表现得有点粗鲁，但这种强硬做派却是我的极大进步。我立刻用手机打给黛比，她在俄勒冈州②，告诉她前面的这些事情。她最能理解我生命中和男人在一起时我曾经是多么压抑自我。"你永远不会相信我刚才干了什么，"然后我就描述了前面那次约会。

"恭喜你！"黛比只说了一句。但那时候我觉得真该有人颁给我一本证书，证明我终于成了自己想成为的我。

几周后，达莱克的书，还有《每日新闻》的稿子出炉了，我就从网上把个人资料拿下来了。

三个月以后，一个8月温暖的周日午后，我在起居室里读书。纽约8月的周末和其他时候都不一样，城市闷热难挡，连马路都快要融化了。街道上静得可怕，许多人都离开城市过周末去了。我一般会到康涅狄格州去拜访我的几个已婚朋友，但这个周末我决定一个人待着。一个人静静待着也是一种治疗法，多年来我都习惯把一份老式速记板放在沙发椅边上，这椅子也是定制加厚过的，

①　玛丽·泰勒·摩尔，1936年生，是一位获得过奥斯卡提名和7次艾美奖德美国老牌演员，最著名的作品要属1970至1977年间在CBC播出的美国"电视史上最受欢迎的剧集之一"《玛丽·泰勒·摩尔秀》。——译者按

②　俄勒冈州（Oregon）是美国的一个州，位于美国的太平洋沿岸，该州南面为加利福尼亚州，北面为华盛顿州，气候温和，季节分明。俄勒冈州的经济极为发达，人均GDP高达8万7千美元，是美国重要的高科技中心和金融中心。——译者按

方便我随手写点什么，或者记录点什么思绪碎片，也可以拿来写未完成事项列表——这列表永无止境。秋天就要来了，我想做些什么呢？我的生命接下来该怎样继续？我又想达成什么目标？那个周日午后，我就在想这些事。忽然，就在我伸手要去拿速记板的时候，我脑海里闪过一个念头，就像是有个声音对我说话一样。也许待在家里让我想起了5月那时候的软禁生活，那时《每日新闻》给我带来的孤独我其实还蛮享受的。也许是我想继续抓住这种自信的感觉——毕竟这段时候一切都很顺利——我想有点尝试。无论如何，我就这么走到壁橱文件抽屉前，打开文件袋，里面装着5月所有的文件、信件什么的。我拿出了迪克·阿尔福德的信。

我坐到书桌前，开始给他写信。十天之后，他给我回信，说他两周度假结束之后会在9月中旬给我回电话。当我们在电话中谈的时候，我提议——和以前一样正规的第一步——一起喝杯咖啡。可迪克说他很感兴趣，希望直接一起进正餐。

他说他了解我，我反正是认不出他。我们约在两人住所连线中间附近一间餐馆见，他给我第一眼感觉不错，和我高度差不多，脸庞轮廓很明显，像刀削斧凿一样，银蓝色眼睛，眉毛很浓密，显得很职业化。尽管头发全白了，但他步伐仍然像是运动员一样，很有活力。此外，他还为我拉开大门，这可是个不错的小细节。

我们开始闲聊，彼此都很惊讶，我们住的地方只有两个街区远，却竟然从没注意到对方，也没在银行自动取款机、杂货店之类的地方遇到过。迪克说他过去八年几乎都在印度日本工作生活，放假才回纽约，但他现在已经永久性搬回来了。我得知，他离婚已经将近三十年了，有两个孩子，都已经成人了，我们朋友圈和兴趣爱好都有很多交集。我们都曾跑过马拉松，都喜欢纽约城，都爱这个国家，都认为中央公园是块城市文明圣地。

　　还不止这些，我还得知，像汤尼一样，迪克也从威廉姆斯学院和哈佛商学院毕业。此外，也和汤尼一样，他本科毕业之后第一份工作也是在摩根。尽管他们俩从未同班就读或成为亲密朋友，但他知道汤尼这个人，也记得在 70 年代中旬见过我们在上东区出双入对。他职业生涯大多数时候在做体育市场营销，而这几年来在为纽约城马拉松赛发展企业关系，还做一项叫第五大道英里跑的赛事——这就是为什么 80 年代早期他会在纽约街跑俱乐部遇到我，当时我在那里工作。我很惊喜他还记得我，尽管我挣扎了好久也没记起什么时候见过他，但这好像也没让他怎么不悦。

　　然后突然我想到了一些事，让我和他之间距离更近了。我回想起 5 月那时候发生了一桩小小巧合，迪克给我写信的那一天，他四十年的老友兼老板，马克·麦高域先生正好去世，我不记得迪克，但我至少记得这位老板的名字。因为接到迪克信件一周之后，也就是我解除"居家软禁"回去上班的第一天，特维尔牧师就来我办公室了，他说那天早上晚些时候要在圣所举行一场追思会，来讨论一些录音的事。我记得那么清楚，是因为那时两大体育巨星，阿诺德·丹尼尔·帕尔默①和简－克劳德·基利②会来致

--------

悼词，著名女高音蕾妮·弗莱明①也会献唱。这次追思会就是给迪克的老板办的，所以我一下子想起来，那天迪克肯定在教堂里，而我在负责录音。

这种同步平行的感觉很奇妙，说实在话。但这并不足以说服我，我们还会有下一次可能共进晚餐。

第二次我们吃饭的时候，我们又同样找到了抱子甘蓝②做中间商，现在想来真是一样傻。他说这是他最喜欢的蔬菜，也有可能这是我第一次对他产生爱意的时刻。我突然觉得，上哪儿再去找一个和我一样为甘蓝菜发疯的男人？

很快我们每周都要见两三次面，在中央公园散步聊天直到筋疲力尽。我们交流过去参加的比赛，很有可能我们毫不知情的情

---

① 蕾妮·弗莱明曾就读于朱丽叶音乐学院并获有波斯坦纽约州立大学和伊斯特曼音乐学院的学位。早年间，她曾获得赴德国学习的富布赖特奖学金。在大都会歌剧院全国试听比赛获胜之后，她还获得理查德·塔克尔奖、乔治·伦敦奖以及比利时国际声乐比赛的大奖。其在塑造人物方面的严谨和在风格上罕见的全面掌握，使观众惊为天人。她高贵的艺术气质为其赢得了由法国政府颁发的"荣誉罗马军团骑士"头衔（2005 年）、"蕾妮·弗莱明彩虹女神"（2004 年），著名的大厨丹尼尔·布鲁德也把他制作的甜点命名为"出众的女歌唱家蕾妮"（1999 年）。——译者按

② 抱子甘蓝，别名芽甘蓝、子持甘蓝，十字花科芸薹属甘蓝种二年生草本植物，为甘蓝种中腋芽能形成小叶球的变种。原产于地中海沿岸，以鲜嫩的小叶球为食用部位，是 19 世纪、20 世纪以来欧洲、北美洲国家的重要蔬菜之一，中国台湾省有少量种植。抱子甘蓝的小叶球蛋白质的含量很高，居甘蓝类蔬菜之首，维生素 C 和微量元素硒的含量也较高。中国于 20 世纪末开始引进并种植抱子甘蓝，使之成为时兴的蔬菜。——译者按

况下就在一起参赛过。他跟我描述 70 年代他是怎么从特拉华州①接上两个年幼的孩子来纽约过周末，就在公园里度过许多许多时间。在公园最北角，他指给我看几块石头，他说他曾在这里教孩子攀岩。他回忆起当年一个人带着两个孩子，其中一个还裹着尿布，他说那时候都觉得自己撑不过去了，但一切还是都熬过来了。我觉得在我身边的这是个善解人意、负责仁爱的男人，我很喜欢。他好像也想把自己所有的事情都告诉我，但也很小心翼翼，不会太过强势。

有天晚上迪克到我公寓里来，带着锅碗瓢盆和其他配料，甚至还有调味料，来给我俩做晚饭。我想，会做饭的男人不错，其实吧，是太棒了。他在厨房里忙碌，半带羞涩向我解释说他在节食，为了减掉几磅重量给我留个好印象，他自己下厨就要确保按照食谱进餐。

我想起当时在网上填资料的时候，最后我写下自己喜欢和另一半一起做饭的感觉。我立刻觉得，我和迪克是不是太过于般配了？

尽管我们经常待在一起，但这不是旋风般的求爱，相反，整个过程发乎情、止乎礼，甚至有些令人倦怠。一直约会了整整九个月之后，他才请我到他麻省伯克夏尔的乡村房子里做客。那是一座叫阿尔福德的小镇（和他的姓一样，但没有任何关系，只是巧合）。2004 年 5 月上旬，迪克为此做了大量准备，想在这个他

---

① 特拉华州，或译德拉维尔州，为美国的一州，是最早加入美国联邦的州，所以又有第一州（The First State）这个称呼。该州州名根据特拉华男爵（英文：Baron De La Warr）三世托马斯·韦斯特的爵位称号命名，特拉华湾亦据此命名。——译者按

最爱的地方给我一段难忘的时光。当时也是我六十一岁的生日。他精心安排了一切，从观光，到购物，到用餐、品酒，甚至晚上一起看的碟片都准备好了。

第二天早上我不仅很累，还很沮丧，我觉得迪克在想尽办法炫耀，他想让我为之惊叹，但却忘了想想我的感受。我们没有心贴着心，而是在一项项完成周末待办事项清单，缺乏最简单的心理与生理上的共鸣——而这正是我想要的。其他一切都很好，但不是必需的。

早餐时候我说了我的感受。

我被他的反应搞晕了，他不仅说出了自己的看法，还怒火中烧，脸红脖子粗地发表了一大通高论，劈头盖脸说我不懂得欣赏他的良苦用心，指责我反应那么消极。

种种狂怒与批评我很是似曾相识，我婚姻里不正是有过！但这次我不会屈服了，我宁可单身，我不会因为想有一段关系而妥协，前车之鉴，后事之师，我可不想重蹈覆辙。

所以我收拾好东西，搭下一班火车立马回家了。回纽约的路上我坐着动都没动，一会儿直视前方，一会儿流着眼泪。还好当时还早，车厢里空荡荡的，我可以抽泣，而不会让别的乘客难以忍受。

我很确定我和迪克之间就此结束了。但他一周后又给我打了电话，这让我又给他写了封信，措辞很谨慎，我说"我感到悲伤，我们的关系没有瓜熟蒂落"，然后我继续解释了理由，告诉他那个周末到底缺了什么。事情很简单：即使我们在一起很开心，他还是离我很远。我要的再简单不过了，我需要听他说和我在一起到底感觉怎么样，他只要一个词、一句话、一个眼神、一点肌肤之触、一个小小玩笑就可以让我察觉到，但他没有，这让我很失望。这类关系和以前别无二致。

他读了我的信又给我打了电话，很平静，他说他明白了我对于"关系良好"是怎么定义的了。他以前从没类似经验，这对他是全新的体验，他想试着做得更好。我们约好在八十七街和莱克辛顿大道街角上的星巴克喝杯咖啡，谈谈这事情。我到的时候他已经坐在靠窗的桌子边上了，我很想见到他，但还是很谨慎。我坐下来之前没有抱他也没有亲他，我很清楚地重述了我想要的关系，那既包括感情抚慰，也有生理慰藉，那种很简单、很亲近、双方同步的关怀照料，这才是我要的亲密关系。我能给他，但也想得到对等回报，另外，我最希望他完全忠实。这不是说要他公开所有生活细节，而是说我们在一起的时候、在一起的空间里没有什么秘密。这对我来说太重要了，只要有一点欠缺就是不忠，毕竟我过去所有日子都被误导去掩盖一个秘密，努力保守秘密，结果一点点我的心门就这么封上了。我说过，我不想重蹈覆辙。

他显得很苦恼，我看得出他在挣扎。他承认，此前从没人跟他这么说过话。但他深受触动，挣扎说明他在听。分开时，我们没有约定要再见，我往北走回公寓，脑海里回想着我说过的话，觉得很满足，我终于开始掌控一切，用自己的话，和一个男人直接说出感情里到底想要什么。

迪克去八十六街坐地铁，往南赶赴一场夏至日聚会，几乎跨越整个曼哈顿。他做出了最不可思议的事情，下一站他飞奔走下地铁，跑出了地铁站，他想用笔记下我说的每一点。他没笔，所以就去借了一支，在口袋里碎纸片后面做了记录。

我想我走回公寓的路上就察觉到了，我终于遇到了一个不会鄙视我这些需求的男人。不但如此，他很尊重我，愿意为此改变自身。

很快我们又开始见面。如果说我们有那么"触电一刻"，让自己觉得的确是找到了真命天子（天女）的话，那就是坐在第十九街和第五大道街口的公园长凳上，在弗雷德·勒伯雕像之下。弗雷德·勒伯是最后一任老板，也是纽约街跑俱乐部创建人。我们都认识他，雕像中，他看着手表，在为跑步者计时。我们俩突然心有灵犀，想到一块儿去了："弗雷德其实在告诉我们，'时间决定一切'。"

2005年10月2日，我和迪克在麻省阿尔福德结婚了。我六十三岁，他六十七。我们搬出了纽约公寓，现在住在乡下一座小房子里，过着退休生活。长途散步、骑自行车、下厨做饭、料理花园、四处旅行探访不同文化，这让我们生活很充实，许多家人朋友都来做客，我们的爱也在不断加深。

我们的婚姻，我想管它叫"世俗冒险"，我们找到了过每日平淡日子的共同兴趣点，就此让平凡变得不平凡。

就算收入固定，生活简单，也可以过得不平凡。我们每周五都会进行一种仪式，我们笑称"算五"。我们俩坐下来，回顾上一周我们花的每一分钱：加油花了26美金，听音乐会日场演出花了10.5美金，保费花了307.25美金，等等，把这些都加起来，然后五五分账，看这周谁付钱付多了，另一方就会贴补他／她，确保公平。有时候，有些项目可能只是我们其中一个人需要的，或是另一个人没有受益，那我们就会划出来，从总额里减掉。这只是个小姿态，但这提醒了我，即使在家庭财务这些琐事里，我们也可以找到办法，展示我们相互的爱意。

我不再需要提醒迪克该怎么和我相处了。很快，他常不常就会用小甜蜜来感动我了。一天早上，他在为我们俩做早饭，他在把培根切成薄片，然后放到全新的煎锅里炸，我曾说过他把火开得太大了。

他平静地转过身来，说："米米，我想有时候我是得犯点错才行。"

他说对了。

另一次，还是在早饭桌上，那时候我们结婚已经两年了，他望着我的眼睛，毫无表情，毫无生气，声音就像是沙漠里沙子在互相摩擦，说："米米，我娶你的时候，觉得似乎拥有了完美的女人，但现在我和你一起住了几年了，我意识到你还是有好多问题，有很多缺点不足。"

我必须要做出反应。我握着他的手，说："我懂你想说什么，我们第一次见面的时候，我觉得你有很多问题，根深蒂固，改都没法改，我不知道我们能不能成。但我们现在已经在一起有一段时间了，我必须要承认，你才是完美的！"

我们开怀大笑，没有人是完美的，但我们在一起，那就是完美。

我知道我在挤对我丈夫，揶揄我们的婚姻，但我这样做就像是给我们俩上主题课程，共同寻找我们希望的那种幸福。让双方都知道怎么去找寻，怎么去奋斗。我这样说，是因为我觉得，和所有心理健康的人一样，我完全无愧于这种褒奖。我不仅仅遇到了爱我的人，也遇到了带着我一起了解我自己的男人。

2011年刚开年，我和迪克在佛罗里达西棕榈滩租了一幢房子，逃离阿尔福德残酷的冬天。当时恰逢周末，我们的朋友马克正好来访，迪克发现在莱顿嘴恰好有场职业高尔夫公开赛，离我们只有二十分钟车程，而且，锦上添花让他很开心的是，无需门票。我们仨怎么会错过呢？

当即我们就跳进车里，开赴赛场，迪克开的车。当我们接近赛场的时候，停车成了难题。迪克开过一个又一个停车场，很显然他离入口越开越远了。马克转过身来对我说："你不生气吗？"

"才不呢，"我对他说，"我不会让这种小事毁了一整天的，开开心心更重要，停在哪儿算什么。"

"这实在是有大智慧。"他说。

我觉得他说对了，这也能看出我变了多少。现在在我看来很简单就能抓住的东西——幸福、有个好男人——对于旁观者来说，竟然是大智慧，能起到振聋发聩、醍醐灌顶的作用。

我不再是那个被动、安静的妻子和母亲了。我有了自己的声音。获得幸福也有一部分需要通过为自己发声来获得，尤其是当感情危在旦夕的时候。当然，如果遇到细枝末节的小事，那安安静静待着就好了。大事不放，小事不闹。迪克想要在周围逛上几圈儿，在高尔夫场几英里外找块停车场地，又能如何？这不过是小事而已，无伤大雅。停车场总会有穿梭巴士，而我们可是要一直在一起的。

我知道我很幸福，但更令人惊讶的是，这种积极情绪从我内心折射到了我外表上，这一点黛比看得最清楚，她也很为我感到开心。迪克和我有次跟黛比和她丈夫佩利一起在西雅图布兰桥岛上开车兜风，车厢里塞满了欢声笑语，甚至听上去有点傻。黛比对迪克说："迪克，你和米米在一起真是太棒了，和你们俩在一块儿太有意思了，我想你应该得到这个硬币。"

我根本不知道她在说什么，所以我问道："什么硬币？"

黛比说，那要追溯到 90 年代末，那次她在北加利福尼亚开车，我从纽约给她手机上打了个电话，紧急寻求姐妹亲情的抚慰。那时候我们经常跨越整个大陆打这种海岸到海岸<sup>①</sup>的电话，她们一直鼓励我，给我打气。那次我比平时还要悲伤，泪眼蒙眬的，我问她我是不是永远都得不到幸福了。黛比开出了主路，把车停到几乎荒无人烟的停车场里，这样我们就能多聊一会儿了。挂掉电话之后，她走出车厢舒展四肢，忽然发现在地上，迎着阳光有一枚硬币在闪闪发光，那是一枚 50 美分硬币<sup>②</sup>，刻着肯尼迪头像。她把硬币捡起来，对自己说："我要把这枚硬币藏起来，然后送给那个带给我姐姐幸福的男人。"

"你肯定在开玩笑，"我叫道，"你从没跟我说过这些。"

我们从西雅图回来后两天，迪克收到了一个包裹，一个小小的心形盒子，里面装的就是那枚肯尼迪 50 美分硬币。黛比还写了张便条："亲爱的迪克，里面装的是承诺，感谢你让米米那么幸福。"

现在我很少想起肯尼迪了。但这是我自己决定的，而不是听从谁的指令。但我看到他的照片时仍会热泪盈眶，说起他的时候声音仍会有些哽咽。和他在一起的那些记忆、他悲剧性死亡的惨烈画面，还有那些时间里我受的精神创伤，这些都混杂在一起，

---

① 纽约在美国东海岸，加利福尼亚在西海岸，故。——译者按
② 半美元硬币原为美国自由女神像，目前所常见的是美国历史上最年轻的总统肯尼迪的头像。1963 年，肯尼迪不幸遇刺身亡，为了纪念他，美国于 1964 年起改用肯尼迪头像作半美元的图案，共铸有 50 万枚。有意思的是，美国民众为作纪念，常常将这种硬币收藏起来，以至于出现了流通困难。——译者按

会让我的思绪一下子回到那个十九岁少女身上。这或许永远都改不了。

我想和那个少女谈谈，但我不确定我能说出什么很深刻的东西，或甚至她会不会听我说。我不确定我能不能很好地安抚她，指引她去应对她和肯尼迪之间的秘密，或者如何掌控她自己的故事。我不确定如果她把这一切告诉家人朋友会不会改变她的生活，会不会拯救她的婚姻，会不会把她从自我封闭的情感硬壳中解救出来，会不会给她接下来几十年的生活一直带来满足快乐。或许这能改变她的生活轨迹，或许不能。

我一直很怀疑我这么些年活在混乱与怀疑之中是否值得。对这个问题，我唯一能给出的答案就是，是的，值得。因为有了这些日子，我现在才是我。我就是个绝佳例子。如果幸运的话，人们可以从自己的错误里走出来，变得更聪明、更坚强，成为更好的人，甚至，如果足够幸运的话，甚至能更加幸福。

回顾那时在咖啡店里，我在向迪克阐明我心中想要的那种关系。我记得最清楚的，不是别的，正是他专注聆听的样子。当有人倾听你说话的时候，或许他们自己没有意识到，但他们确实在给你一份大礼，他们在允许你说出想法。这就是我现在婚姻带给我最大的满足：说出想法。而这，也是我之所以能写出这些句子、这本书的原因。

2009 年 1 月，我和迪克去了华盛顿特区，去阿灵顿国家公墓给肯尼迪扫墓。这是我第一次去，我很好奇去那里会带来什么感受，会激活哪些记忆。好吧，其实，好奇中也掺着一丝恐惧。

气温8度，无风。我们在雪地中蹒跚，肯尼迪墓<sup>①</sup>显得很恭谦，坐落在一座小山丘脚底下，抬头能看见归属华盛顿后人的阿灵顿舍，极目远眺，整个华盛顿市四散分布。他的墓石紧邻着杰奎琳·布维尔·肯尼迪·奥纳西斯的墓石。就算当时天气并没寒风刺骨，我也不想在他墓地多待一秒。我在这里，看到这一幕，感觉像是个入侵者。肯尼迪留下的一切在我脑海中盘旋不去，许久许久。我生命中这个男人留下了许多，大多有毒，但我从没有真正成为故事的一部分。我站在那里，紧贴着我丈夫取暖，我把手臂塞到他大衣里面，然后觉得自己好多了。

离开之前，我静静默祷，对他说了声，谢谢。这是为了感谢，也为了表达我的惊讶，这个秘密尽管给我带来了那么多伤痛，但最后却成了我重新获得救赎的力量源泉。要是没有这个秘密，或者秘密没有被公之于众，我或许永远也不会遇见迪克，也无法获得今天的生活。无论过去我对肯尼迪有什么回忆，回忆又在哪里盘旋流连，又会在哪里驻足徘徊，这都过去了。唯一重要的是，那么久之后，经过重重磨难，我心复归平静。我全身上下洋溢着幸福，不再觉得有什么包袱。

这，就是要与大家分享的秘密。

---

① 肯尼迪墓坐落在10米×20米的平台上，四周是光洁的白色花岗岩甬道，中间5米×9米的墓池由未经雕琢的花岗岩铺就，两块一样的黑色金属墓碑平置在中央，前面是一池长明火。台阶下是甬道围起来的圆形草地，直径有50米；草地正对墓地的一侧，切出一段月牙形矮墙，上面铭刻着肯尼迪1961年1月20日的就职演说。——译者按

# 致　谢

我衷心感谢：

　　我的经纪人，也是朋友马克·瑞特，他帮我把故事写成一本书。

　　我的朋友们，玛丽·皮尔斯伯里、温迪·福尔克、克克·胡法德、K.C.海澜德和若昂·爱丽丝，她们一直支持着我，还允许我分享她们的回忆；还有玛丽·希拉尔德，她拍的照片棒极了。

　　我的兄弟姐妹，黛比·比尔兹利、巴菲·哈佛、乔希·比尔兹利还有吉姆·比尔兹利，感谢他们无条件的支持。

　　我的女儿：莉莎·阿尔巴赫和珍妮·埃克谢曼。她们一直和我站在一起，始终接受我的一切。

　　科勒特·利尼汉，她精通专业知识，指导我如何理解。

　　茱德·艾略特·米德和瑞贝卡·布赛勒，她们从很早开始就给我勇气；还有琳达·比尔德·弗朗基，感谢她的时间和贡献。

　　感谢我兰登书局的队友：苏珊·梅尔坎代蒂，感谢她给了这本书归宿；苏珊·卡米尔和安迪·瓦尔德，感谢他们精心考虑之后给出那么多细心的修改意见，作为作者我觉得简

193

直是登峰造极；还有本·斯泰因伯尔格和凯拉·迈尔斯，我随时能期待从他们那里收获积极的回应和快速的回应。

最后是我亲爱的丈夫，迪克·阿尔福德，他总是很有耐心，一遍遍阅读原稿。伤心时逗我笑，哭泣时抚慰我，无论发生什么他都张开双臂欢迎我。能与你共度余生，我真是三生有幸。

# 是的，总统先生，如果您要……

## ——《曾经的秘密》：米米·阿尔福德讲述与肯尼迪总统的情缘始末

（珍妮特·马斯林，美国《纽约时报》最著名书评家，曾经为《达·芬奇密码》《乔布斯传》写评，轰动一时）

《曾经的秘密》的作者——米米·阿尔福德在她快成长到能够投票的年龄时，同约翰·肯尼迪总统发生了一段情缘。这段情缘被埋没了近 50 年。阿尔福德女士目前突然开始披露这段情缘中一些不堪的细节，从而引发出不少流言蜚语。

一边是明眸善睐、天真无邪的阿尔福德女士，一边是总统的喜怒无常，这不禁让人为之啧啧嘘唏。然而这在当时并没有太多的新闻，因此很快烟消云散。但是就在这个故事尘封几十年后，《曾经的秘密》才显出本身的价值：是继安德鲁·杨的《政客》之后，对私密及谎言最不可思议的回忆录。而且像安德鲁·杨一样，阿尔福德女士视乎根本没有意识到自己的故事会对自己产生多么坏的影响。

她没有太宽泛地引经据典。她回忆起在新泽西农场，在那种七个壁炉一个客厅的乡村斋舍中，她按部就班地成长到上学的年龄。像描述一个初次登台的少女一样，她戏称自己为冒冒失失、懵懂世事的"猴子"。她提到在康涅狄格州佛明顿的波特女子中学上学，在那儿，1961 年她产生了拜访一位有名的女校友——杰奎琳·布维尔·肯尼迪（肯尼迪总统第一夫人）的想法。

事实上她并没有如愿以偿地见到第一夫人。但她到了华盛顿，打动了莱蒂希亚·波多里奇——第一夫人的社交秘书。一年以后，她怀着十九岁少女的深刻记忆，暑期打工进入白宫，做了一名实习生。

假如阿尔福德的故事引发出一个疑问，那就是：她如何在刚刚上班的第四天就同总统上了床？这或许是她冒险活动中最难以想象的一部分。但她用本书一半的空间，对一位十九岁的少女思想塑造的过程做出了最好的诠释。在午休时间她应邀在白宫泳池游泳，她无法拒绝。肯尼迪总统悄然到达，问道："可以和你一起游泳吗？"对此，她也无法抗拒。

那个下午，她以为应邀参加"欢迎新员工的聚会"，但是却变成在白宫的一场偷情。"米米，想不想参观一下总统府邸？"总统问她。后来，当她被引领到肯尼迪夫人的卧室欣赏富丽堂皇的装饰时，她已经失魂落魄了。总统投其所好、顺水推舟地聊着波特女子学校的话题，轻而易举地将她诱骗到床上。

阿尔福德女士对自己心路历程的描述很不寻常，她没有想过向任何人倾诉，甚至没有想过这是婚外情。"在总统夫人不在的时候，我只想陪伴着总统。"她甚至没有想到自己在这场婚外情当中是否快乐，在总统出游的时候，她像行李一样被安放在空军一号的机舱当中，她并不觉得这样有失体面。

她特别没有想到的是，在以后的很长时间里，她需要为自己的行为付出从巅峰到低谷的代价。这是肯定的。很快她就注意到其他白宫职员们对她的嫉妒。当她周末频繁地被从马萨诸塞州惠顿大学接送到华盛顿，她意识到失去了自己的生活。然而她无法自拔，依然认为忠诚是"个人品质决定性的核心价值"。甚至当她学着如何向周围人说谎的时候，她依然这么认为。

《曾经的秘密》确实包括几个邪恶肮脏的插曲，譬如总统通过让米米为其他人提供性服务来羞辱她。但是从这本书当中我们也能看到，这些事情大多数时候是她自己愿意做的，就像追星族一样，逢迎着总统的权势。她这样写道："一个女孩如果能够在自己的履历上留下一些社会标记，她只能无法抗拒。"

无论如何，阿尔福德都低估了或者说完全没有考虑到这段婚外情给她以后的生活和生命带来什么样的影响。她先是有意欺骗着未来的丈夫汤尼·法恩斯托克。但是在愧疚心的驱使之下，她还是将自己的背叛告诉了丈夫。汤尼也仍旧娶了她。尽管在婚后他们两个人都对肯尼迪总统避而不谈，但是毫无疑问，他们的生活陷入到了持久的痛苦当中，并且疯狂。

他们相互变得愤怒不堪、闷闷不乐，最终是结束婚姻。阿尔福德开始阅读一些黏黏糊糊、自我排解的书籍，模仿着书中那些陈词滥调、人云亦云的东西。她开始了马拉松式的长跑，声称自己受到纽约道路跑步协会的委托。在伦敦的宾馆，她又和曾经打情骂俏过的年轻运动员同居一室。在 2003 年，有人认出她曾是肯尼迪的女友。她声称，在纽约的公寓遭到记者的监视而难以出门。她这样写："我只能通过读书和编织毛衣来打发时间。"她的生活日益无以为继，甚至这都不能算作是一种正常的生活。

后来呢？理所当然地归于平静。阿尔福德女士说，只有把所有的错误都公之于众，进行宣泄，她才感到从罪恶、悲伤和压力中完全释放出来。接着，她描述了一场幸福的婚姻，虽然显得特别古怪。（"我想，有什么比一个热衷甘蓝菜的男人更适合我呢？"）虽然不是修女，她叙述了自己在教堂工作的事情。她写到每周同新任丈夫精打细算地过日子，似乎比懒洋洋地躺在总统的浴缸中更为温馨、更有情致。最让人吃惊的是，本书在结尾的时候，叙述了她和丈夫一起到阿灵顿国家公墓给肯尼迪扫墓的事，这毫无疑问是一个灵感。

她承认，一想到总统现在静静地躺在第一夫人的身边，确实使她感到自己"像一个入侵者"。而以前在舞会上学到的礼仪课程也教会了她不少东西。所以在墓地，她会说出这样的话："谢谢你！"因为她认为，肯尼迪总统曾赋予她一个可怕的秘密，而这个秘密也只有经过了 50 年的疯狂和挣扎之后，才成为一个伟大的祝福、一种奇迹般的救赎力量。这个秘密像一大碗苦涩的紫甘蓝汤，但是值得欣喜的是，她终于获得了今天所拥有的纯粹良知。